ONOMIZE
JAMIE

ECONOMIZE
com JAMIE

GLOBO estilo

OUTROS TÍTULOS DE JAMIE OLIVER JÁ PUBLICADOS NO BRASIL PELA GLOBO LIVROS

O chef sem mistérios
O retorno do chef sem mistérios
A Itália de Jamie
Jamie em casa
Revolução na cozinha
A América de Jamie Oliver
Jamie viaja
30 minutos e pronto
15 minutos e pronto

Fotografias
"Lord" David Loftus

Design
Superfantastic

Fotos adicionais
Matt Russell

Fotografias: David Loftus
e Matt Russell (pp. 3, 12, 20, 23, 77, 117, 155, 177, 193, 217)

Texto fixado conforme as regras do Novo Acordo Ortográfico da Língua Portuguesa
(Decreto Legislativo nº 54, de 1995).

Título original: Save with Jamie
Originalmente publicado em inglês, pela Penguin Books Ltd, na Grã-Bretanha.

Editor responsável: Aida Veiga
Editor assistente: Elisa Martins
Tradução: Leonardo Antunes
Edição e paginação: Clim Editorial
Revisão: Maria Aparecida Medeiros e Carmen T. S. Costa

1ª edição, 2014
Impressão e acabamento: Graphicom, Itália

CIP-BRASIL. CATALOGAÇÃO NA PUBLICAÇÃO
SINDICATO NACIONAL DOS EDITORES DE LIVROS, RJ

O53e

Oliver, Jamie, 1975 -
Economize com Jamie / Jamie Oliver ; tradução
Leonardo Antunes. - 1. ed. - São Paulo : Globo, 2014.
il.

Tradução de: Save with Jamie
ISBN 978-85-250-5608-5

1 . Culinária 1. Título.

13-08011 CDD-641 . 5

Direitos de edição em língua portuguesa para o Brasil adquiridos por Editora Globo S. A.
Av. Jaguaré, 1485 – CEP 05346-902 – São Paulo – SP
www.globolivros.com.br

ESTE LIVRO É DEDICADO A . . .

. . . TODOS OS INCRÍVEIS FUNCIONÁRIOS E VOLUNTÁRIOS DOS CENTROS DO MINISTÉRIO DA COMIDA DE JAMIE NO REINO UNIDO, E TODOS OS CARAS ENVOLVIDOS NOS PROGRAMAS DA MINHA FUNDAÇÃO NO REINO UNIDO, NOS EUA E NA AUSTRÁLIA. TODOS TRABALHAM DURO PARA INCENTIVAR E INSPIRAR AS PESSOAS A PREPARAR REFEIÇÕES SABOROSAS E NUTRITIVAS A PARTIR DE INGREDIENTES INTEGRAIS NÃO PROCESSADOS E PARA ENSINÁ-LAS COMO ALIMENTAR SUA FAMÍLIA DE MODO A TER VIDA MAIS LONGA E SAUDÁVEL. AFINAL, ESSE É O OBJETIVO DESTE LIVRO: AJUDAR AS PESSOAS A COMPRAR BEM, COZINHAR MELHOR E DESPERDIÇAR MENOS.

PARA SABER MAIS SOBRE MINHA FUNDAÇÃO, POR FAVOR CONSULTE JAMIEOLIVER.COM/FOUNDATION.

Jamie
veggie
Tips
Thrifty
PORK
FOOD
fish

SUMÁRIO

EU ESCUTO

Este livro existe porque vocês pediram. As solicitações feitas no jamieoliver.com, Twitter, Facebook e Instagram deixaram claro que as pessoas desejam pratos deliciosos, excitantes e que não pesem no bolso, então isso me despertou a atenção. E, para ser honesto, eu amo quando vocês, leitores, fazem com que eu foque a minha atenção em algo, como em *Economize com Jamie*, ainda que isso envolva uma quantidade enorme de pesquisa, trabalho e testes. Por anos eu venho dizendo que, se nós olharmos para a história, veremos que a melhor comida do mundo sempre surgiu em comunidades que sofriam grande pressão financeira – nesses casos, a única condição exigida é que você seja capaz de cozinhar! Por isso, este livro existe para que você:

compre bem • cozinhe melhor • desperdice menos

Este livro é útil para todos os lares – seja um casal, uma família, uma república estudantil ou alguém que more sozinho, eu garanto que há receitas e princípios que todos poderão usar no seu dia a dia. É uma celebração de sabores intensos e excitantes compondo uma série de pratos deliciosos inspirada em muitos países ao redor do mundo. O mais importante é que cada receita é realmente acessível, confiável e, acima de tudo, supereconômica. Cada refeição custa menos por pessoa do que qualquer comida pronta que você compre para viagem (os custos de cada receita estão disponíveis em jamieoliver.com/savewithjamie), e não se trata apenas de gastar menos, trata-se de ser mais inteligente. Estudos mostram que as famílias estão gastando muito com alimentação. Use este livro do jeito que ele está programado e você economizará um bom dinheiro.

O livro, dividido em seis capítulos, é muito fácil de consultar: vegetarianas, frango, carne bovina, carne de porco, cordeiro e peixe. Há conselhos de como suprir a despensa e garantir que sua cozinha possua tudo o que você precisa para cozinhar, assim como dicas para aproveitar o máximo dos ingredientes, evitando assim o desperdício. Comprar bem significa explorar supermercados, açougues, feiras, peixarias e mercadinhos para encontrar o melhor produto pelo melhor preço. É aí que este livro alcança o seu objetivo, ensinando como manter sua família bem alimentada, feliz e saudável, com os custos sob controle. Estou aqui para oferecer a maior quantidade possível de informações úteis.

Todos nós precisamos conhecer o básico sobre alimentação, sua procedência e como ela afeta o nosso corpo, assim como a importância de uma comida boa e saborosa. Minha equipe de nutricionistas trabalhou comigo a fim de garantir clareza em cada página com informação das calorias por porção, além de muitos detalhes extras ao final do livro (veja páginas 268-272), para ajudar você a fazer escolhas conscientes. Espero que *Economize com Jamie* agrade a você oferecendo uma comida linda e nutritiva e proporcionando ótimas lembranças de refeições, com a certeza de que nada custará mais do que o esperado. Um livro que traz receitas deliciosas do início ao fim é uma arma brilhante para qualquer pessoa ter em casa. Eu espero que ele seja passado de geração a geração em sua família – certamente este será o primeiro livro de receitas dos meus filhos. Boa sorte e cozinhe feliz.

500g
Dessert
500g
10 BRILLIANT FISH FILLET FINGERS
Jamie Oliver

UM GRANDE FREEZER

O freezer é definitivamente o melhor amigo do cozinheiro. Precisamos esquecer da época em que os freezeres estavam cheios de comidas processadas e lembrar que essa tecnologia é fenomenal para armazenar e conservar ingredientes, assim você pode preparar refeições facilmente. Abaixo está uma lista do que eu sempre tenho no meu freezer. Eu gosto de mantê-lo bem organizado e costumo ser bastante lógico sobre onde está cada coisa. E, é claro, quando você usa ingredientes congelados, é mais fácil usar apenas aquilo de que precisa. Por isso, faça seu estoque – afinal se tiver refeições de última hora prontas no freezer quando chegar uma visita, você ficará aliviado.

Mantenho muitos vegetais congelados – eles são valiosos, nutritivos e disponíveis durante todo o ano, perfeitos para muitas receitas, e você pode pegar apenas a porção que precisar:

- Ervilhas, favas, espinafre, couve-flor, vagem, brócolis, milho (na espiga e solto)
- Uma nota sobre cogumelos: eles perdem um pouco da textura, mas congelam muito bem, são úteis e oferecem um sabor maravilhoso

Minha prateleira superior é cheia de coisas para adicionar sabor, que podem ser usadas congeladas:

- Pimentas (veja página 184) e gengibre que já estejam ficando meio tristes
- Curry, folhas de louro e, se eu tiver, folhas de limão kaffir
- Fôrmas de cubos de gelo com ervas frescas inteiras ou picadas, temperos ou alho conservado em óleo (veja página 208) e gordura (veja página 158) para cozinhar
- Pestos caseiros e pastas de curry
- Recipientes com sobras de caldos de carne caseiros

Pães e massas são ótimos para congelar:

- Sempre tenho pacotes de tortilhas e pão pita, assim como um pouco de pão branco fatiado para tostar
- Abra uma massa caseira no formato de bases de pizza, empilhe-as e congele, e faça o mesmo com pães sírios e pãezinhos – molde, embale e congele –, eles serão bem úteis

Quanto à proteína, prefiro os peixes:

- Peixes comprados congelados em filés, ou comprados frescos, em ofertas – os oleosos mantêm melhor a textura quando congelados, mas peixe branco também fica bom se você utilizar em tortas, curries ou cozidos
- Camarões congelados
- Jools geralmente prepara tortas de peixe e congela o que sobra para as refeições das crianças

Sobras são ótimas para congelar. Crie o hábito de embalá-las em porções, colocando etiquetas (para evitar surpresas na hora de descongelar!) e você terá refeições prontas.

Na parte dos doces sempre tenho:

- Frutas congeladas – muito úteis (veja página 266)
- Sorvetes e picolés caseiros (veja página 266)

Existem algumas regras básicas. Deixe os alimentos esfriarem antes de congelar – separe-os em porções, assim eles esfriam mais rapidamente e você consegue colocá-los no freezer 2 horas depois de prepará-los. Tudo deve estar bem embalado, carnes e peixes especialmente, e descongele na geladeira antes de utilizar. Se você congelar uma comida, depois de reaquecê-la, não a congele de novo.

DRIPPING
YELLOW PEPPER
JELLY
BUTTER
MAILLE
Mustard

NA GELADEIRA

Em vez de dizer o que você deve e não deve ter em sua geladeira, eu pensei que seria mais útil dar como exemplo a minha própria geladeira. Como você pode imaginar, muitos ingredientes passam por lá todos os dias, mas tenho uma lista-padrão de coisas que são mais importantes e não podem faltar, e várias delas aparecerão diversas vezes ao longo deste livro. Aqui está um inventário do que eu costumo ter na geladeira para você usar como uma espécie de guia. Não é uma lista de ingredientes essenciais, mas espero que seja útil para começar.

A prateleira superior e a porta da minha geladeira costumam conter uma diversidade de potes de condimentos e pedaços de coisas que são úteis no dia a dia:

- Pepinos em conserva, cebolas em conserva e pimentas em conserva (veja página 184), assim como qualquer outra conserva que eu mesmo crie, como o picles caseiro (veja página 176)
- Molhos como ketchup, barbecue e molhos de pimenta
- Mostardas – inglesa, Dijon e com sementes
- Qualquer gordura que eu tenha guardado de alguma linda carne assada, que felizmente se conserva por meses em potes de vidro (veja página 158)
- Potes de geleias variadas

Quanto a frutas e vegetais, eu sempre tenho os básicos, como cenoura, cebola, abóbora e alho-poró, além de:

- Uma seleção de verduras da estação
- Gengibre e pimentas (mas se estiverem ficando um pouco velhos eu os transfiro para a prateleira superior do freezer)

Uma diversidade de itens para salada:

- Pepino, cebolinha, rabanete e a minha verdura preferida, a humilde e barata alface (eu amo imensamente)
- Muitos limões-sicilianos e alguns limões taiti
- Ervas frescas, embaladas em toalhas de papel umedecidas (veja página 208) – isto se aplica também a outras folhas delicadas

Sem surpresas no campo dos laticínios:

- Manteiga – sempre sem sal
- Um pote de iogurte natural orgânico desnatado – ótimo para o café da manhã, mas também para usar em molhos e colocar sobre alguns pratos na hora de servir
- Dois tipos de bons queijos, mas para o uso diário sempre um pedaço de cheddar curado, um pedaço de parmesão e um pacote de queijo feta (para usar como tempero)
- Leite – semidesnatado para cozinhar, de preferência orgânico
- Ovos – grandes e, de preferência, caipiras e orgânicos

Carne e peixe variam de acordo com o que está disponível no açougue ou na peixaria, mas geralmente eu mantenho as carnes cruas na prateleira inferior:

- Bacon – sempre cortado em tiras
- Coxas de frango – eu busco sempre carne de animais que são criados livremente
- Uma boa carne bovina moída é sempre útil

Bebidas não podem faltar:

- Uma garrafa ou jarra de água gelada
- Sucos de frutas frescas – não concentrados
- Sem dúvida, uma garrafa de vinho e algumas cervejas

Qualquer outra coisa que aparece na geladeira é algo que eu pego aleatoriamente para experimentar, sobras de dias anteriores ou algum lindo ingrediente fresco da estação.

PUY LENTILS
Uncle Ben's
Long Grain
EVERYTHING
STOPS
For
TEA

A DESPENSA

Eu acho que a despensa é o lugar mais excitante para se visitar antes de preparar uma refeição. Ali você pode armazenar uma variedade de coisas maravilhosas, sejam elas desidratadas, salgadas, em conserva, em compotas, e você não irá desperdiçar nada, porque usa quanto quer e tudo estará lá esperando por você, sempre à mão para injetar um pouco de magia em sua cozinha. Arrume seus temperos, massas, cereais, óleos, vinagres e condimentos em áreas separadas de modo que fique mais fácil enxergá-los. Eu costumo retirar tudo quatro vezes por ano para fazer uma limpeza, refrescar alguns potes e latas, e verificar se não estou esquecendo de nada que esteja perdido no fundo. Com certeza, existem modos de economizar dinheiro no armazenamento – comprar em maiores quantidades ou em algum estabelecimento específico. Aqui está uma amostra do que eu costumo ter na minha despensa.

Ingredientes básicos para o dia a dia:

- Óleos – de oliva, extravirgem, de vegetais e de gergelim
- Vinagres – de vinho branco, de vinho tinto, de maçã, balsâmico e vinagre caseiro (veja página 70)
- Sal marinho e pimenta-do-reino moída
- Caldo em cubos – vários sabores e sempre orgânicos
- Molho de soja – prefira o light, com baixo teor de sódio

Temperos e ervas desidratadas – para adicionar sabor. Eu uso regularmente páprica defumada, cominho, sementes de erva-doce, coentro em pó, orégano seco, canela, cúrcuma (para dar uma cor incrível), tempero chinês cinco-especiarias, cravos-da-índia (para um arroz épico), noz-moscada e ***garam masala***, só para nomear alguns. Um pote de pimentas vermelhas secas é sempre útil (veja página 184).

Uma variedade de nozes e sementes, como pistaches e amêndoas – conserve-os em potes bem vedados.

Massa e noodles – compre sacos grandes para diminuir o custo. No final de cada pacote, quebre o que restar e guarde em um pote de sobras para usar em sopas e cozidos. Guardo também noodles de diversas espessuras, assim como massa integral, para variar um pouco.

Arroz, grãos e leguminosas – sacos grandes ficam mais baratos. Eu sempre tenho arroz basmati, arroz integral e arroz selvagem, mais cuscuz marroquino, trigo bulgur, cevadinha, quinoa, polenta de cozimento rápido e fubá.

Alimentos em lata ou em vidro se mantêm muito bem, portanto, faça seu estoque; apenas lembre-se de que os vidros precisam ir para a geladeira depois de abertos, e se você não utilizar toda a lata de alguma coisa, escorra o que sobrar e coloque em um pote antes de levar à geladeira – nunca deixe na lata. Eu sempre estoco:

- Latas de tomate pelado e purê de tomate
- Feijões e leguminosas em conserva como grão-de-bico, lentilha, feijão-branco, feijão-vermelho e feijão-preto
- Anchovas em conserva
- Azeitonas com caroço
- Pastas de curry
- Vegetais em conserva, condimentos e molhos

O básico para confeitaria:

- Farinha – farinha de trigo comum, com fermento, farinha para pão e farinha tipo 00
- Açúcar refinado
- Sachês de fermento biológico seco

COMPRE BEM

Aqui estão dicas recolhidas de nossos amigos econômicos de todo o país, mais alguns conselhos e ideias que colhi ao longo dos anos de trabalho na indústria de alimentação. Essas informações poderão ajudar você a economizar quantidades surpreendentes de dinheiro. Muito do que está aqui é senso comum, mas acho que é útil reunir tudo em um único local de fácil consulta – se você seguir estas estratégias, eu tenho certeza de que elas terão um impacto realmente positivo em suas compras semanais, que, por sua vez, farão grande diferença em seus gastos anuais.

LISTA DE COMPRAS

Faça do jeito antigo, com papel e caneta, ou mantenha uma nota em seu celular; assim é mais garantido que você se atenha a ela. Verifique seu freezer, sua geladeira e sua despensa antes de fazer a lista – eu sei que soa óbvio, mas desse modo você evita comprar o que não precisa e desperdiçar mais tarde.

Planejar cardápios é ótimo, mas não deixe que isso o restrinja. Um planejamento flexível é a melhor opção – ajuda a gastar menos, e você não será surpreendido se os seus planos mudarem. Habitue-se a colocar sobras no congelador para usar em dias que precisar de refeições de última hora. Olhe as ofertas antes de comprar, e veja se consegue criar alguma refeição a partir delas, mas também aproveite produtos da estação sempre que puder, juntando-os a ingredientes básicos de sua despensa. Um pouco de criatividade na hora de fazer compras, combinada a um tanto de planejamento prévio, é o que mais pode ajudar você.

Prefira PRODUTOS DA ESTAÇÃO

ECONÔMICO!

Se você quer se manter dentro do orçamento, vá a supermercados que cobrem o preço da concorrência, assim você pode ficar de olho em quanto está gastando. Há uma série de fer-ramentas úteis on-line, que farão o trabalho difícil para você, e os fóruns on-line também são ótimos para colher dicas de outros compradores econômicos. Prepare-se antes de ir ao supermercado.

ECONOMIZE

Tente comprar apenas com dinheiro, deixe seus cartões em casa – desse modo, você será obrigado a pensar mais no que está comprando e não sair do orçamento que fixou.

UM CONSELHO CLÁSSICO NÃO FAÇA COMPRAS QUANDO ESTIVER COM FOME!

Todos nós já fizemos isso e, se você não tiver cuidado, acabará com um monte de coisas de que não precisa, além de pegar algo para beliscar enquanto circula pelo supermercado.

Compre em vários lugares

Procure na sua região feiras livres, sacolões, mercadinhos, açougues, peixarias e supermercados. Ande pelo seu bairro em dias diferentes da semana procurando ofertas no mercado local. Sempre é possível encontrar bons produtos por preços acessíveis.

Estoque ingredientes que duram muito tempo na prateleira, como arroz, massas secas e enlatados. Você pode comprar essas coisas em grandes quantidades, se tiver espaço para armazenar – vale a pena. Se não tiver, por que não checar se é possível juntar-se a amigos e parentes, comprar no atacado e depois dividir entre vocês?

APROVEITE AS BOAS OFERTAS

Vários supermercados rebaixam o preço de produtos que estão se aproximando do final de sua data de validade – aproveite essa vantagem, caso existam coisas que você precisa, ou compre em feiras, já que quase sempre eles reduzem os preços no final e você pode conseguir boas ofertas. Uma caixa de lindos tomates quase maduros demais, por exemplo, pode ser transformada em purê, sopa, molho, ou usada em uma refeição deliciosa como a minha *panzanella* (veja página 180).

Quando estiver no supermercado, não fique tentado por promoções do tipo compre um e ganhe outro – isso só é bom se você precisar realmente do produto. A única exceção é se você encontrar carne ou peixe fresco de boa qualidade em oferta, e você tiver certeza de que possui espaço livre no freezer para armazenar. Compre quando esses produtos estiverem com um bom preço e congele o mais rápido possível.

Utilizar temperos adiciona toneladas de sabor, mas algumas pessoas acham elevado o preço daqueles potes pequenos. Simples: passe a comprá-los em embalagens grandes. Você os encontrará em lojas atacadistas que vendem em embalagens maiores ou a granel. Eles custam uma fração do valor e você consegue comprar muito mais com o mesmo dinheiro – transfira-os para potes hermeticamente fechados e coloque uma etiqueta. Armazenados corretamente, eles durarão por anos.

QUALIDADE

Se você tiver acesso, os estabelecimentos de venda por atacado são uma ótima opção para você estocar ingredientes básicos que usa todas as semanas. Você consegue fazer excelentes compras, como caixas de azeite de oliva, de enlatados, de massas, sacos de arroz, de vegetais congelados e muito mais, portanto, se tiver espaço na despensa ou no freezer, você será bem feliz. Infelizmente os estabelecimentos desse tipo não são abertos ao público em geral, mas, se não tiver acesso, peça a algum amigo que tenha para dividir os produtos com você.

SEGREDOS DA MEIA-NOITE

Saiba mais sobre o que eu gosto de chamar de "segredos da meia-noite". Se você for aos grandes mercados municipais ou entrepostos de frutas, vegetais, peixe e carne que existem na maioria das grandes cidades, você encontrará ofertas incríveis. Eles vendem por atacado a feirantes e outros comerciantes. Neste caso, não é para comprar pouco, você terá de comprar em grandes quantidades, mas se possuir um freezer grande onde possa armazenar carne e peixe, ou se puder dividir a compra entre sua família e amigos, isso será ótimo. Quase sempre terá de pagar em dinheiro, mas a vantagem é que você não estará comprando por preço de varejo e, além disso, poderá pechinchar. Por isso, se quiser comprar um peixe grande inteiro ou uma caixa de sardinhas, por exemplo, vá em frente – não há restrição para os consumidores entrarem nesses lugares, a única condição é que você terá de acordar de madrugada!

COMPRE BEM

O QUE VOCÊ PRECISA

Bons utensílios de cozinha são amplamente disponíveis, portanto, é fácil ficar bem equipado. Pesquise para encontrar produtos de boa qualidade com os melhores preços – eles durarão mais, às vezes uma vida toda. Esta lista inclui tudo aquilo que, eu acho, ajudará você a cozinhar bem, mais alguns utensílios que permitirão preparar os ingredientes mais rapidamente e deixar os pratos com o melhor aspecto.

Processador de alimentos
Liquidificador
Mixer
Frigideira grande antiaderente (30 cm)
Frigideira média antiaderente (25 cm)
Frigideira pequena antiaderente (20 cm)
Frigideira para grelhar (25 cm x 30 cm)
Panela grande com tampa (25 cm)
Panela média com tampa (20 cm)
Panela pequena com tampa (15 cm)
Caçarola com tampa
Assadeira funda grande (30 cm x 35 cm)
Assadeiras antiaderentes
Fôrma para muffins com 12 buracos
Fôrma para pão com 12 buracos rasos
Travessa para assar/lasanha (25 cm x 30 cm)
Tábuas de cortar de madeira
Tábuas de cortar de plástico
Faca do chef
Faca para descascar
Faca de pão
Descascador de legumes
Mandoline para fatiar legumes

Ralador quadrado
Ralador fino
Tigelas para misturar
Jarra medidora
Colheres medidoras
Balança de cozinha
Escorredor
Peneira fina
Almofariz
Espremedor de batata
Espremedor de alho
Pegador de massa
Escumadeira
Colher de pau
Colher vazada
Concha
Abridor de lata
Rolo de massa
Pincel de culinária
Papel-alumínio
Filme plástico
Papel-manteiga
Toalha de papel

Para mim, a invenção do momento é a faca ondulada. Estou apaixonado – você deveria ter uma! Compre pela internet.

Vegetarianas

• RECEITAS VEGETARIANAS •

Sejam refeições completas ou acompanhamentos, os pratos deste capítulo maravilhoso são coloridos, excitantes, vibrantes e deliciosos. Eu não queria apenas cumprir uma cota de receitas vegetarianas, de modo que este capítulo terminou abarrotado, e o maior do livro. Acho essencial que todo mundo procure ter pelo menos duas refeições semanais sem carne – é mais saudável, economiza dinheiro e ajuda a aliviar a crescente pressão sobre a produção de carne. E, acima de tudo, a maior razão para se ter uma refeição sem carne é porque é muito gostosa, e cada receita deste capítulo busca exatamente isso. Eu tenho de dizer que algumas das minhas receitas favoritas estão aqui – aproveite!

Salada arco-íris
Frituras de queijo feta com gergelim

Eu me diverti criando esta salada, e não tinha certeza se estava na Grécia ou no Marrocos, mas, no fim das contas, o princípio de uma salada ricamente temperada com diferentes texturas e cores é sempre o mesmo, não importa o país. Eu sou viciado em croûtons, por isso tentei aqui algo semelhante com pão pita. Preciso dizer: esta salada boba é muito saborosa e as frituras de feta com gergelim são boas demais.

Serve 4

Tempo total: 35 minutos

606 calorias

1 caneca (320 g) de cuscuz marroquino

2 pães pita

azeite de oliva

½ pepino

1 cebola roxa

1 cenoura grande

100 g de beterraba cozida ou crua

100 g de queijo feta

1 ovo grande

3 colheres (sopa) cheias de farinha de trigo com fermento

1 colher (sopa) cheia de sementes de gergelim

mel

2 colheres (sopa) de vinagre de vinho tinto

4 colheres (sopa) de azeite de oliva extravirgem

1 colher (chá) de orégano seco

Preaqueça o forno a 180°C. Coloque o cuscuz em uma tigela, cubra com água fervente, tampe com um prato e deixe descansar por 10 minutos. Corte os pães pita em fatias de 0,5 cm de espessura, espalhe-as uniformemente sobre uma assadeira grande, regue levemente com azeite e asse por cerca de 10 minutos ou até que o pão fique dourado e crocante.

Enquanto isso, rale grosseiramente o pepino com um ralador quadrado, depois descasque e rale a cebola, a cenoura e a beterraba (é melhor usar luvas de borracha para fazer isso, e se utilizar beterraba crua, descasque-a antes de ralar). Esmigalhe o queijo feta em uma tigela com o ovo, depois misture com a farinha e tempere levemente. Coloque uma frigideira grande sobre fogo médio, adicione um fio generoso de azeite e acomode porções da mistura do tamanho equivalente a uma colher de chá (você deverá obter cerca de 12 bolinhos). Frite até que fiquem dourados na parte inferior, então polvilhe as sementes de gergelim, pressionando-as levemente contra a massa, em seguida vire os bolinhos. Regue com mel e frite por mais 1 a 2 minutos ou até que fiquem dourados.

Em uma tigela, misture o vinagre, o azeite extravirgem, o orégano e uma pitada de sal e pimenta. Afofe o cuscuz, tempere a gosto e transfira para uma travessa grande, acomode os vegetais ralados por cima, regue com o molho e misture levemente. Espalhe o pão pita crocante, distribua em volta as frituras de feta e mande para a mesa.

Omelete com recheio mexicano

Eu nem consigo expressar o quanto gosto dessas pequenas omeletes macias com um delicioso recheio de inspiração mexicana. Prepará-las e comê-las é muito divertido. Eu preparo molhos suaves de abacate há anos, mas nunca pensei antes em usá-los para temperar uma salada coleslaw – fica insanamente bom. Prepare as omeletes uma a uma, enquanto os seus convidados sentam-se por perto, observando e esperando por esse pequeno bocado do céu.

Serve 4

Tempo total: 20 a 25 minutos

355 calorias

1 abacate maduro

3 limões taiti

½ maço de coentro (15 g)

3 colheres (sopa) de iogurte natural desnatado

azeite de oliva

1 cebola pequena

1 cenoura

½ repolho-branco

1 pimenta vermelha

8 ovos grandes

60 g de queijo cheddar curado

Raspe a polpa do abacate dentro de um liquidificador, descartando o caroço e a casca. Adicione todo o suco espremido de 2 limões taiti, os talos de coentro rasgados, o iogurte e um fio de azeite, processe até ficar homogêneo, depois tempere a gosto.

Descasque a cebola e a cenoura. De preferência com um processador de alimentos, ou usando um ralador quadrado e uma boa habilidade com facas, rale a cebola e a cenoura, depois fatie finamente o repolho e a pimenta, em seguida transfira tudo para uma tigela grande. Adicione a maior parte das folhas de coentro, cubra com o molho de abacate e misture tudo muito bem. Prove e tempere de novo, se necessário. Bata todos os ovos em uma tigela, junto com uma borrifada de água para afinar e uma pitada de sal e pimenta.

Coloque uma frigideira grande antiaderente em fogo médio. Quando estiver bem quente, acrescente um fiozinho de azeite seguido de ¼ da mistura de ovos. Incline a frigideira para espalhar a mistura por toda a superfície, rale ¼ do queijo por cima e deixe derreter, depois cozinhe a omelete gentilmente por apenas 2 minutos, sem virar; não deixe dourar, ela deve ficar macia, uniforme e fina. Transfira-a para um prato, recheie com ¼ da coleslaw com abacate, então cuidadosamente levante a lateral da omelete e enrole-a. Sirva com uma cunha de limão taiti e algumas folhas extras de coentro. Repita o preparo com os ingredientes restantes, servindo conforme cada omelete ficar pronta.

Guisado siciliano de abóbora e grão-de-bico

Este é um prato delicioso e de sabor muito intenso, pois a abóbora é assada e depois cozida, e também pelo uso dos temperos comuns na Sicília. A ilha foi invadida diversas vezes e sua culinária recebeu influência de vários povos, por isso você encontrará alguns temperos do norte da África sendo utilizados corriqueiramente na culinária siciliana, e mesmo frutas secas e cuscuz, que são comumente associados ao Marrocos e à Tunísia.

Serve 4 a 6

Tempo total: 1 hora e 25 minutos

547 calorias

1 abóbora-menina média (aprox. 1,2 kg)

azeite de oliva

2 cebolas

½ maço de coentro (15 g)

40 g de uva-passa

1 colher (chá) de canela em pó

½–1 colher (chá) de flocos de pimenta seca

50 g de azeitonas diversas, com caroço

1 lata (400 g) de tomate pelado picado

1 lata (400 g) de grão-de-bico

1 cubo de caldo de legumes

1 caneca (320 g) de cuscuz marroquino

iogurte natural desnatado, para servir

Preaqueça o forno a 190°C. Descasque a abóbora, cuidadosamente corte-a ao meio e retire as sementes (reserve as tiras da casca e as sementes em uma tigela). Corte a abóbora em pedaços de 3 cm, acomode-os em uma assadeira grande, regue com um pouco de azeite e tempere levemente. Asse na prateleira superior do forno por 35 a 40 minutos ou até que fique dourada e caramelizada.

Enquanto isso, descasque e pique grosseiramente as cebolas, coloque em uma caçarola sobre fogo baixo e regue com um fio generoso de azeite. Fatie finamente os talos de coentro e adicione à caçarola, junto com a uva-passa e a maior parte da canela e dos flocos de pimenta. Cozinhe tampado por 20 minutos, mexendo ocasionalmente e adicionando borrifadas de água, se necessário. Quando a abóbora estiver pronta, transfira-a para a caçarola e misture. Retire o caroço das azeitonas e acrescente-as à caçarola. Junte o tomate picado e o grão-de-bico com o líquido da conserva. Esfarele o cubo de caldo dentro da caçarola, despeje 500 ml de água fervente, depois aumente para fogo médio e cozinhe em fervura baixa por 40 minutos (sem a tampa) ou até que fique grosso e adorável, mexendo de vez em quando. Enquanto isso, misture a casca e as sementes de abóbora que foram reservadas com o restante da canela e dos flocos de pimenta e uma pitada de sal e pimenta, espalhe em uma assadeira e asse por cerca de 10 minutos ou até ficar dourado e crocante. Reserve.

Aproximadamente 15 minutos antes de o guisado ficar pronto, coloque o cuscuz em uma tigela, cubra com água fervente, tampe com um prato e deixe descansar por 10 minutos. Depois, afofe o cuscuz, tempere a gosto e transfira para uma travessa grande. Coloque o guisado por cima e sirva regado com iogurte e decorado com as folhas de coentro, a casca da abóbora esmigalhada e as sementes crocantes.

Torta de ervilha e batata

Eu costumava preparar um prato vegetariano bem semelhante a essa torta, mas em porções individuais, no bar do meu pai nos anos 1980, por isso esta receita me traz tantas boas lembranças. Ela tem como base a clássica *petit pois à la française*, que é o mais delicioso prato com ervilha, alface e cebola que existe, mas eu acrescentei batata para engrossar, um pouco de queijo cottage para suavizar o sabor, e transformei em uma torta tamanho família.

Serve 6

Tempo total: 40 minutos

414 calorias

2 colheres (sopa) de farinha de trigo, mais um pouco para polvilhar

375 g de massa folhada

1 ovo grande

1 cebola

azeite de oliva

1 batata grande

500 g de ervilha congelada

1 bolota grande de manteiga sem sal

½ alface-americana

1 cubo de caldo de legumes

1 colher (chá) de mostarda inglesa

1 colher (chá) de molho de hortelã

4 colheres (chá) bem cheias de queijo cottage

Preaqueça o forno a 200°C. Sobre uma superfície polvilhada com farinha, abra a massa folhada (deverá ficar com aproximadamente 25 cm x 40 cm), depois transfira-a para uma assadeira grande. Crie uma borda, fazendo uma incisão (sem atravessar toda a massa) a uma distância de 3 cm do limite da massa, depois faça talhos leves em formato quadriculado na base da massa. Bata o ovo em uma tigela pequena e pincele toda a massa. Asse por cerca de 17 minutos ou até dourar, crescer e assar completamente. Uma vez pronta, retire do forno e deixe esfriar. Com uma faca afiada, faça um corte leve na borda, atravessando apenas algumas das camadas superiores da massa folhada, e use uma escumadeira para erguer cuidadosamente a área interna (como uma tampa), deixando algumas camadas de massa no fundo da assadeira; reserve.

Enquanto isso, descasque e pique finamente a cebola, coloque-a em uma panela média com um fio de azeite e cozinhe por cerca de 10 minutos, ou até que fique macia e pegajosa, mexendo ocasionalmente. Descasque a batata, corte-a em cubos de 1 cm e adicione à panela junto com a ervilha, a manteiga e a farinha. Rasgue finamente a alface e acrescente à panela, cozinhando por mais 10 minutos. Adicione o cubo de caldo esmigalhado e 300 ml de água fervente. Deixe ferver, tampe e reduza o fogo para uma fervura baixa por 5 a 10 minutos ou até que a batata esteja completamente cozida. Misture a mostarda e o molho de hortelã, depois tempere a gosto. Espalhe o recheio uniformemente no interior da base de massa folhada, esfarele o queijo cottage por cima, cubra cuidadosamente com a tampa de massa e sirva no centro da mesa, acompanhada de uma grande salada.

Noodles para ressaca

Esta refeição super-rápida e saborosa é perfeita para quando você estiver se sentindo meio devagar ou com um pouco de ressaca, já que ela é cheia de coisas boas. Temperar os noodles com um molho é genial, e um ovo frito com gema mole por cima é um bônus. Regue com muito molho de pimenta para garantir que você irá acordar.

Serve 4

Tempo total: 20 minutos

537 calorias

1 pedaço (5 cm) de gengibre

1 dente de alho

2 colheres (sopa) de molho de soja (shoyu) com baixo teor de sódio

3 colheres (sopa) de vinagre de vinho branco

3 colheres (sopa) de óleo de gergelim

1 repolho-chinês

500 g de brócolis frescos ou congelados

250 g de noodles de ovos médio

200 g de ervilha-torta

4 ovos grandes

azeite de oliva

molho de pimenta, para servir

Descasque o gengibre e o alho e rale-os finamente em uma tigela grande. Adicione o molho de soja, o vinagre, o óleo de gergelim e uma pitada de sal e pimenta, então mexa bem para preparar o molho. Apare e rasgue o repolho e coloque-o em uma panela grande com água fervente salgada, junto com os brócolis (corte primeiro em buquês, se utilizar os frescos) e com os noodles para cozinhar por cerca de 3 minutos; adicione a ervilha-torta no último minuto. Escorra bem e misture com o molho na tigela.

Enquanto isso, frite os ovos em uma frigideira grande antiaderente com um fio de azeite sobre fogo médio até ficar no ponto de sua preferência (eu gosto do meu com a gema mole). Divida os noodles entre tigelas individuais, acomode um ovo por cima de cada porção e sirva regado com o molho de pimenta, para aquele toque tão importante.

Usar noodles integrais neste prato, como você vê na foto, fica realmente bacana – eles são mais caros, mas possuem uma textura e um sabor ótimos. Apenas lembre-se de seguir as instruções da embalagem, pois eles podem precisar de mais tempo de cozimento. Sinta-se livre para adicionar vegetais frescos ou sobras na receita.

Rotolo de abóbora e espinafre

O rotolo é um dos pratos de massa mais incomuns. O jeito como eu o preparo faz com que você tenha a sensação de estar comendo uma lasanha ou um canelone, o visual é realmente bonito e você pode apreciar as pontas crocantes de massa na parte superior, enquanto a massa que se esconde por baixo do molho fica macia.

Serve 4 a 6

Tempo total: 2 horas e 20 minutos

430 calorias

1 abóbora-menina (aprox. 1,2 kg)

1 cebola roxa

azeite de oliva

1 colher (chá) de tomilho seco

500 g de espinafre congelado

1 noz-moscada, para ralar

4 dentes de alho

700 ml de *passata* de tomate

6 folhas de massa fresca (15 cm x 20 cm cada)

50 g de queijo feta

20 g de queijo parmesão

opcional: alguns ramos de sálvia fresca

Eu gosto de preparar a massa em casa para fazer este prato, mas folhas de massa fresca compradas prontas também funcionam bem. Simplesmente escalde--as em uma panela com água fervente por 20 segundos antes de usá-las.

Preaqueça o forno a 180°C. Asse a abóbora inteira em uma assadeira por cerca de 1h30, depois retire do forno. Enquanto isso, descasque e pique grosseiramente a cebola, coloque-a em uma panela média com um fio de azeite sobre fogo médio-baixo, adicione o tomilho e uma pitada de sal e pimenta, e cozinhe por 10 minutos, mexendo de vez em quando. Junte o espinafre congelado, tampe e deixe cozinhar lentamente por mais 15 minutos, ou até que o líquido tenha evaporado, então retire do fogo. Corte a abóbora ao meio, descarte as sementes e a casca e amasse a polpa com um garfo. Mantendo-os separados, tempere a gosto tanto a abóbora quanto o espinafre, usando sal, pimenta e a noz-moscada ralada.

Descasque e fatie finamente o alho, coloque-o em uma caçarola rasa de 28 cm com um fio de azeite sobre fogo médio e frite por 2 minutos ou até dourar ligeiramente. Acrescente a *passata* de tomate, coloque uma borrifada de água na embalagem vazia, sacuda e junte essa água à caçarola. Espere ferver, cozinhe em fervura lenta por 3 minutos e tempere a gosto.

Sobre uma superfície limpa, estenda as folhas de massa com o lado mais curto voltado para você. Trabalhe rapidamente para a massa não secar, pincele-a com água e espalhe uniformemente a abóbora sobre as folhas. Distribua o espinafre e o feta esmigalhado. Enrole as folhas de massa e corte cada uma em 4 pedaços, depois acomode-os lado a lado no molho de tomate. Rale finamente o queijo parmesão por cima. Destaque as folhas de sálvia (se for usá-la), misture-as com um pouco de azeite e espalhe. Asse por 35 a 40 minutos na prateleira inferior do forno até dourar e ficar com as pontas crocantes. Esta massa fica deliciosa servida com uma salada verde fresca.

Meu sag aloo

Quando penso neste prato fico com água na boca. O talento dos nossos irmãos e irmãs indianos na cozinha sempre me surpreende – como um prato tão simples pode ter um sabor tão bom? Experimente o *sag aloo* e descubra. Comida saborosa e nutritiva que vai bem como parte de um curry ou mesmo como prato único. Delícia.

Serve 6

Tempo total: 50 minutos

234 calorias

1 cebola

2 tomates maduros

½ maço de coentro (15 g)

2 colheres (sopa) cheias de pasta de curry *rogan josh*

óleo de amendoim

1,2 kg de batata

4 dentes de alho

1 pimenta vermelha

2 colheres (chá) de sementes de cominho

300 g de espinafre congelado

6 colheres (chá) bem cheias de iogurte natural desnatado

Descasque a cebola e triture-a com os tomates, os talos de coentro e a pasta de curry no processador de alimentos até obter uma mistura homogênea, então transfira para uma frigideira grande antiaderente com um fio do óleo sobre fogo médio. Cozinhe por 5 minutos, mexendo regularmente, enquanto você corta as batatas em pedaços de 3 cm (eu gosto de manter a casca – economiza trabalho e fica mais nutritivo). Adicione a batata à frigideira com uma pitada de sal e pimenta, depois despeje água suficiente para cobrir os pedaços até o meio. Deixe ferver, tampe ou cubra com papel-alumínio e cozinhe em fervura baixa por 10 a 12 minutos ou até que a batata esteja cozida por inteiro. Retire a tampa, aumente para fogo médio-alto e deixe reduzir até que todo o líquido evapore e a batata comece a ficar dourada e crocante (15 a 20 minutos).

Enquanto isso, para fazer o óleo temperado (chamado de "temperamento" – o que realmente dá vida ao *sag aloo*), descasque o alho e fatie-o finamente junto com a pimenta vermelha, coloque em uma panela pequena e frite com as sementes de cominho em um generoso fio de óleo até dourar, então retire do fogo. Quando a batata estiver com um bom aspecto, acrescente o espinafre à frigideira, mexa e cozinhe por cerca de 5 minutos ou até que todo o líquido tenha evaporado e a batata esteja linda e crocante, mexendo regularmente.

Sirva o *sag aloo* regado com o "temperamento", com uma porção de iogurte e as folhas de coentro espalhadas por cima. Fica realmente delicioso embrulhado em folhas de alface com uma cerveja gelada para acompanhar.

Korma de vegetais
Pilau falso de couve-flor

Fico muito animado quando consigo criar sabores intensos em curries sem utilizar carne, pois ao mesmo tempo em que isso faz bem para a sua saúde também é bom para o seu bolso. Para variar um pouco, em vez de usar arroz, aqui eu cozinhei couve-flor de um jeito que ela funciona como arroz – fica parecida e realmente deliciosa. Experimente esta receita maravilhosa e eu garanto que mesmo os seus amigos mais carnívoros ficarão felizes.

Serve 4

Tempo total: 50 minutos

334 calorias

1 colher (sopa) cheia de amêndoa em lascas

2 batatas-doces grandes

azeite de oliva

1 cebola roxa

2 dentes de alho

1 pedaço (5 cm) de gengibre

½ maço de coentro (15 g)

opcional: ½–1 pimenta vermelha

1 maço de folhas de curry

1 colher (sopa) cheia de pasta de curry *korma*

400 g de grão-de-bico em conserva

1 couve-flor grande

½–1 limão-siciliano

opcional: 50 g de queijo feta

4 colheres (sopa) de iogurte natural desnatado

Aqui eu utilizei pasta de curry comprada, mas, para economizar mais um pouco, por que não preparar a sua própria pasta?

Comece tostando as lascas de amêndoa em uma caçarola grande até dourá-las ligeiramente, retire do fogo e reserve. Descasque as batatas-doces, corte-as em pedaços de 4 cm e coloque numa panela com um fio de azeite sobre fogo médio. Frite por cerca de 5 minutos, ou até dourar, enquanto você descasca a cebola, o alho e o gengibre e depois fatia finamente junto com os talos de coentro e a pimenta (se for usá-la – ela realmente dá uma força ao molho). Acrescente à panela as folhas de curry e mexa por 1 minuto, então acrescente os vegetais fatiados e a pasta de curry e cozinhe por mais 5 a 10 minutos ou até que a cebola tenha amolecido, mexendo ocasionalmente. Acrescente o grão-de-bico (com o líquido da conserva), 600 ml de água fervente e espere ferver. Reduza o fogo e cozinhe em fervura lenta por cerca de 30 minutos ou até engrossar.

Enquanto isso, destaque e pique as folhas da couve-flor, fatie os talos e adicione à panela até completar o tempo de cozimento. Corte os buquês em pedaços de igual tamanho e passe pelo processador até que fiquem com textura e tamanho parecidos com os do arroz. Transfira para um prato que possa ir ao forno de micro-ondas e cubra. Um pouco antes de servir o curry, cozinhe a couve-flor no vapor ou no micro-ondas em potência alta por 7 minutos ou até que fique completamente cozida.

Adicione ao curry uma boa espremida de suco de limão-siciliano, tempere a gosto e esmigalhe o feta (se for usar – aqui eu o uso no lugar do queijo indiano *panir*, e ele acrescenta um sabor muito sutil). Coloque porções de iogurte por cima e misture para dar aquela cremosidade ao *korma* (ou sirva o iogurte ao lado, se preferir), polvilhe as folhas de coentro e a amêndoa tostada. Sirva a couve-flor em uma linda travessa.

CONHEÇA O SEU... VERDUREIRO

Os supermercados oferecem uma variedade fantástica de vegetais frescos, mas mesmo assim vale a pena criar uma boa relação com o seu verdureiro. Ele terá satisfação em dizer o que está na estação, quando terá uma boa oferta ou quando você poderá encontrar aquilo que procura. Aqui estão algumas dicas minhas e de meu verdureiro, John Leavey:

1 Sempre compre produtos que estão na safra – é um excelente produto com o melhor valor. Como John diz: é a melhor qualidade pelo preço certo.

2 Nos sacolões, você pode comprar um pouco de cada vegetal, assim terá variedade em seu prato.

3 Compre vegetais em grande quantidade quando for apropriado e armazene bem – vegetais duros, como batata, abóbora e beterraba, podem durar muito tempo. Batatas com a terra, sem lavar, guardadas em sacolas de papel pardo em um local escuro, conservam-se melhor do que aquelas que ficam em saco plástico na geladeira. Se você comprar em quantidade, o quilo sairá mais barato.

4 Se você tiver um orçamento restrito para preparar uma refeição, conte ao seu verdureiro e ele poderá te ajudar.

5 Faça perguntas – se existe um legume que você nunca viu ou usou antes, peça sugestões ao seu verdureiro. Do mesmo modo, se uma receita apresenta variações, pergunte ao seu verdureiro quais ele recomenda.

6 Quem tem quitanda ou mercearia quer se ver livre de certos produtos no final do dia, por isso, pouco antes do horário de fechar é o momento em que eles começam a oferecer bons descontos. Mantenha os olhos abertos, faça perguntas e você poderá sair com uma caixa de tomates bem maduros por quase nada, o que é bom para preparar um molho, um chutney ou uma sopa.

Tayshaw's, 60 Druid Street, Bermondsey, London, SE1 2EZ

Sopa de erva-doce Croûtons tostados franceses

Eu gosto desta sopa porque ela tem sabor intenso, é incrivelmente reconfortante e não se apresenta como aquele prato previsível do dia a dia. A opção de usar torradas francesas faz todo o sentido e deixa o prato ainda mais atraente. Para ser honesto, mal consigo acreditar que eu nunca havia tido essa ideia antes. Absolutamente linda.

Serve 4

Tempo total: 1 hora e 10 minutos

365 calorias

2 dentes de alho

2 cebolas

2 bulbos de erva-doce

azeite de oliva

1 cubo de caldo de legumes

1 lata (400 g) de feijão-branco

1 ovo grande

50 g de queijo cheddar curado

½ colher (chá) de flocos de pimenta seca

1 colher (chá) de sementes de erva-doce

100 g de pão francês amanhecido ou ciabatta

4 colheres (chá) de iogurte natural desnatado ou de creme de leite

Descasque e fatie finamente o alho e as cebolas, depois apare e fatie finamente os bulbos de erva-doce (guarde as folhas mais finas para decorar a sopa antes de servir). Coloque tudo em uma panela grande antiaderente com um fio de azeite sobre fogo médio. Reduza para fogo baixo, tampe e cozinhe por cerca de 30 minutos ou até que fique tenro e pegajoso, mexendo regularmente e adicionando borrifadas de água para diluir, se necessário. Esmigalhe o cubo de caldo na panela, acrescente o feijão (com o líquido da conserva) e 750 ml de água fervente. Espere ferver e cozinhe em fervura baixa por 20 minutos. Processe com um mixer até obter a consistência que preferir e tempere a gosto.

Enquanto isso, quebre o ovo em uma tigela, rale o cheddar e adicione os flocos de pimenta. Esmague as sementes de erva-doce em um almofariz, adicione à tigela e bata tudo junto. Corte o pão em pedaços irregulares de 3 cm e passe-os na mistura de ovo. Frite em uma frigideira grande antiaderente com um pouco de azeite sobre fogo médio, virando-os até que dourem por igual.

Divida a sopa entre as tigelas e regue com iogurte ou creme de leite. Espalhe as folhas de erva-doce reservadas, adicione uma pitada extra de flocos de pimenta, se quiser, e sirva com os saborosos croûtons de torrada francesa.

Abóbora assada – 4 maneiras excitantes

É ótimo ter uma abóbora-menina inteira assada na geladeira – facilita o preparo da refeição. Asse uma abóbora inteira (cerca de 1,2 kg) a 180°C por 1h30, depois elimine as sementes, retire a polpa com uma colher e use-a imediatamente ou guarde para outro dia. Uma abóbora é suficiente para preparar dois dos pratos abaixo.

Frituras de abóbora

139 calorias

Serve 6

Tempo total: 30 minutos (mais o tempo de assar a abóbora)

Esmague metade da abóbora já fria com 100 g de farinha com fermento, 1 ovo grande, 150 g de queijo cottage e uma pitada de sal e pimenta. Acomode uma frigideira antiaderente com um fio de azeite sobre fogo médio e adicione colheradas (sopa) da mistura de abóbora (deverá render 18 bolinhos). Vire-os quando estiverem dourados por baixo, acrescente 1 bolota de manteiga sem sal no centro da frigideira e algumas folhas de sálvia fresca e mexa até ficarem encaracoladas. Vire os bolinhos de novo para cobri-los com o azeite temperado e frite até que fiquem dourados dos dois lados.

Homus de abóbora

139 calorias

Serve 6 a 8

Tempo total: 15 minutos (mais o tempo de assar a abóbora)

Toste 1 colher (sopa) de sementes de gergelim em uma panela quente e seca até que dourem. Sobre uma tábua, descasque 1 dente de alho e fatie com 1 pimenta vermelha (sem sementes) e ½ maço de coentro com os talos. Adicione meia abóbora e salpique com as sementes tostadas. Coloque 1 lata de grão-de-bico (com o líquido da conserva) em uma panela e deixe ferver, escorra e junte à abóbora. Comece a picar, esmagando e misturando tudo com o suco de ½ limão-siciliano e a mesma quantidade de azeite extravirgem até obter a consistência de sua preferência. Tempere e sirva com tortilhas aquecidas.

Rigatoni de abóbora

376 calorias

Serve 4

Tempo total: 20 minutos (mais o tempo de assar a abóbora)

Coloque um fio de azeite e uma pitada de flocos de pimenta seca em uma panela grande sobre fogo médio. Acrescente as folhas de 8 ramos de tomilho fresco e 2 dentes de alho espremidos, frite por 1 minuto, depois amasse meia abóbora dentro da frigideira e misture bem. Adicione 2 colheres (sopa) de crème fraîche semidesnatado, 40 g de queijo azul (gorgonzola ou roquefort) e uma borrifada de água fervente. Deixe em fogo baixo enquanto cozinha 320 g de rigatoni seco, então escorra, reservando 1 xícara da água do cozimento. Tempere o creme de abóbora a gosto e misture-o com a massa, diluindo com a água do cozimento. Finalize com queijo parmesão ralado.

Bruschetta de abóbora

325 calorias

Serve 2 a 4

Tempo total: 15 minutos (mais o tempo de assar a abóbora)

Fatie finamente 2 tiras de bacon e corte 100 g de cogumelos-de-paris em quatro partes, depois frite-os em uma panela com um pouco de azeite sobre fogo médio. Quando estiver ligeiramente dourado, acrescente algumas folhas de sálvia fresca e continue fritando até que fiquem douradas e encaracoladas. Enquanto isso, grelhe ou toste 4 fatias de pão, depois esfregue-as com o lado cortado de 1 dente de alho e regue com azeite extravirgem. Amasse meia abóbora e tempere a gosto com sal, pimenta e um pouco de queijo cheddar curado ralado. Espalhe rusticamente a abóbora sobre as torradas e distribua por cima o bacon crocante, o cogumelo e a sálvia.

Cebola assada no buraco

Troquei a linguiça deste tradicional prato britânico por cebola roxa para que os vegetais saíssem ganhando, e acabei criando esta versão superbonitinha. Você pode substituir facilmente a cebola por cogumelos ou pedaços de abóbora-menina, basta ser criativo. Com um saboroso molho de cebola ao lado, o seu dia ficará ainda mais feliz.

Serve 4

Tempo total: 1 hora e 35 minutos

273 calorias

5 cebolas roxas

azeite de oliva

120 g de farinha de trigo

2 ovos grandes

100 ml de leite semidesnatado

½ maço de tomilho fresco (15 g)

4 folhas de louro

opcional: 2 colheres (sopa) de vinagre balsâmico

1 colher (chá) de mostarda inglesa

molho inglês

1 cubo de caldo de legumes

> Para refinar esta receita, gosto de colocar um naco de queijo azul (gorgonzola ou roquefort) no topo de cada cebola, assim que sai do forno – fica divino.

Preaqueça o forno a 180°C. Descasque 4 cebolas, mantendo-as inteiras, e apare a base de modo que fique plana. Faça um corte em formato de cruz no topo de cada cebola, chegando até cerca de ¾ da altura e mantendo-a intacta na base. Tempere a parte interna das cebolas com sal e pimenta e acomode-as em uma assadeira ou divida entre quatro pratos pequenos de servir (de 15 cm de diâmetro) e acomode os pratos em sua maior assadeira para ser mais fácil manuseá-los. Regue as cebolas com azeite, cubra com papel-alumínio e asse por cerca de 1 hora ou até que fiquem tenras.

Enquanto isso, coloque 100 g de farinha em uma jarra com uma pitada de sal e os ovos e bata bem, depois gradualmente adicione o leite até obter uma massa macia. Retire as folhas dos ramos de tomilho. Quando as cebolas estiverem macias, aumente a temperatura do forno para 220°C. Acrescente um fio de azeite à assadeira ou aos pratos individuais e leve de volta ao forno para aquecer. Quando estiver quente, rapidamente, mas com cuidado, despeje a massa ao redor das cebolas e espalhe as folhas de louro e de tomilho. Recoloque no forno e deixe assar por cerca de 30 minutos (se estiver em uma assadeira), por aproximadamente 20 minutos (se estiver em pratos individuais) ou até que a massa fique estufada e dourada (não fique tentado a abrir o forno nesse momento).

Para preparar o molho, descasque e fatie finamente a cebola restante, coloque-a em uma panela com um fio de azeite sobre fogo médio e cozinhe, mexendo ocasionalmente, por cerca de 15 minutos ou até que fique tenra. Acrescente o vinagre balsâmico (se for utilizá-lo) no final do cozimento e uma borrifada de água, se necessário, para impedir que a mistura grude. Adicione 1 colher (sopa) cheia de farinha, a mostarda, molho inglês a gosto, o cubo de caldo esmigalhado e 600 ml de água fervente e misture bem. Cozinhe em fogo baixo por 10 minutos ou até obter a consistência desejada. Retire a assadeira ou os pratos do forno e sirva com o molho de cebola e verduras.

Salada asiática grelhada saborosa

Eu amo transformar vegetais que você geralmente iria apenas aferventar, fatiando-os finamente e grelhando-os em uma frigideira para criar o mais maravilhoso e intenso sabor defumado – eles ficam ótimos temperados com sabores asiáticos e servidos com tofu. Esta receita é fantástica e definitivamente deve ser experimentada.

Serve 4 a 6

Tempo total: 1 hora e 30 minutos

490 calorias

3 cenouras

½ abóbora-menina

1 maço de cebolinha verde

1 couve-chinesa

1 cabeça de brócolis ninja

100 g de cogumelos-de-paris

150 g de arroz integral

1 pedaço (5 cm) de gengibre

1 dente grande de alho

1-2 pimentas vermelhas frescas

3 colheres (sopa) de azeite de oliva

1½ colher (sopa) de óleo de gergelim

4 colheres (sopa) de molho de soja (shoyu) com baixo teor de sódio

1 limão-siciliano

350 g de tofu firme

2 colheres (sopa) de sementes de gergelim

Coloque sua frigideira de grelhar sobre fogo alto (utilize duas, se tiver). Comece cortando os vegetais em pedaços, acomodando-os na frigideira em porções – descasque as cenouras, retire as sementes da abóbora e corte-as em fatias de 0,5 cm de espessura, apare os talos da cebolinha, separe as folhas da couve-chinesa (cortando ao meio as muito grandes), separe os buquês de brócolis e, dependendo do tamanho, corte os cogumelos ao meio ou deixe-os inteiros. A couve-chinesa precisará de 1 minuto apenas na frigideira, a cebolinha, os brócolis e o cogumelo, de 2 a 3 minutos, e a cenoura e a abóbora, de até 5 minutos. Conforme forem ficando prontos, transfira os vegetais para uma travessa grande, cortando as cebolinhas ao meio após o cozimento.

Enquanto isso, cozinhe o arroz de acordo com as instruções da embalagem. Descasque o gengibre e o alho, depois rale-os finamente, junto com a pimenta, dentro de um pote limpo. Adicione o azeite, o óleo de gergelim, o molho de soja e o suco do limão, coloque a tampa no pote e sacuda para misturar bem. Corte o tofu em fatias de 1 cm de espessura, pincele-as por inteiro com um pouco do molho e grelhe até criar marcas escuras em ambos os lados – o tofu irá grudar no início, mas, depois de grelhar e escurecer, você conseguirá retirá-lo facilmente da grelha.

Quando o arroz estiver pronto, escorra-o bem. Misture os vegetais grelhados, o tofu, o arroz e o resto do molho, prove e tempere a gosto. Arrume em uma travessa grande, polvilhe as sementes de gergelim e sirva.

Rösti gigante
Ovos poché, espinafre e ervilha

Embora não seja uma refeição tradicional, esta receita pode ser servida em um brunch ou almoço, tem um contraste adorável de texturas e sabores e é deliciosa. Assar a batata e a cenoura para criar este rösti gigante revela toda doçura de seu sabor e cria uma linda crosta crocante.

Serve 4

Tempo total: 55 minutos

351 calorias

600 g de batata

3 cenouras grandes

½ colher (chá) de mostarda Dijon

½ limão-siciliano

azeite de oliva extravirgem

azeite de oliva

100 g de ervilha congelada

100 g de espinafre

4 ovos grandes

50 g de queijo feta

Preaqueça o forno a 180°C. Descasque as batatas e as cenouras e rale-as grosseiramente no processador de alimentos ou com um ralador quadrado. Adicione uma boa pitada de sal, amasse tudo junto e deixe descansar por 5 minutos. Enquanto isso, em uma tigela média, misture a mostarda, uma boa espremida de suco de limão-siciliano, dois fios generosos de azeite extravirgem, uma pitada de sal e pimenta e deixe reservado.

Coloque um fio bem generoso de azeite em uma tigela grande e acrescente uma boa pitada de pimenta. Pegando punhado por punhado, esprema toda a mistura de batata e cenoura até se livrar do excesso de água salgada, depois coloque-a na tigela. Misture bem com o azeite e a pimenta e espalhe por igual em uma assadeira grande untada (aprox. 30 cm x 40 cm). Asse por cerca de 35 minutos ou até dourar por cima e ficar supercrocante nas beiradas.

Enquanto isso, escalde a ervilha por 1 minuto em uma panela grande com água fervente salgada; escorra, transfira para a tigela com o molho e amontoe o espinafre por cima. Pouco antes de seu rösti ficar pronto, quebre os ovos na água em fervura bem leve e cozinhe-os até obter ovos poché com a textura de sua preferência, em seguida remova-os cuidadosamente com uma escumadeira ou colher vazada. Sirva o rösti com os ovos por cima. Rapidamente misture a salada para temperá-la e acomode-a em pilhas sobre o rösti, então esmigalhe o queijo feta e sirva. Eu gosto de colocar no centro da mesa e deixar que todos avancem.

Cérebro de zumbi

Magnífico aipo-rábano assado com molho de cogumelo e cevadinha

Sabores impressionantes são revelados quando você assa o aipo-rábano inteiro. Tenho certeza de que o aspecto e o nome desta receita podem parecer bem estranhos, mas, seja você vegetariano ou carnívoro, por favor, abra sua mente para o novo e experimente – é delicioso, reconfortante, divertido e as pessoas sairão comentando.

Serve 6

Tempo total: 2 horas e 15 minutos

333 calorias

1 aipo-rábano grande (aprox. 1,2 kg)

azeite de oliva

6 ramos de tomilho fresco

7 folhas de louro

6 dentes de alho

30 g de manteiga sem sal

200 g de cevadinha

1 cebola pequena

800 g de cogumelos

¼ de cubo de caldo de legumes

150 ml de creme de leite

1 colher (chá) cheia de mostarda inglesa

azeite de oliva extravirgem

Para transformar sutilmente este molho e deixá-lo ainda mais delicioso, acrescente um pouco de azeite trufado, se tiver. Apenas ½ colher (chá) será suficiente.

Preaqueça o forno a 190°C. Limpe o aipo-rábano, esfregando-o com uma escova para remover toda a terra. Rasgue uma folha dupla de papel-alumínio e acomode o aipo-rábano no centro, com o lado da raiz para cima. Esfregue-o com azeite, sal e pimenta, espalhe as folhas de tomilho e 6 folhas de louro, depois esmague 4 dentes de alho inteiros e distribua por cima. Puxe o papel-alumínio, esticando-o bem, e embrulhe o aipo-rábano, deixando uma abertura no topo. Coloque a manteiga sobre o aipo-rábano de modo que ela derreta ao redor dele durante o cozimento e dobre firmemente o papel-alumínio para selar bem. Acomode-o em uma travessa refratária e asse por cerca de 2 horas ou até que fique tenro.

Enquanto isso, cozinhe a cevadinha de acordo com as instruções da embalagem. Descasque e fatie finamente o alho restante e a cebola, coloque em uma frigideira grande com um fio de azeite sobre fogo baixo e frite por cerca de 10 minutos ou até que fiquem macios, mexendo ocasionalmente. Fatie finamente os cogumelos e adicione (sua frigideira ficará bem cheia, mas, confie em mim, eles cozinharão bem). Cozinhe por cerca de 20 minutos, ou até que dourem, continuando a mexer de vez em quando. Esmigalhe o cubo de caldo na frigideira, adicione a folha de louro restante e 200 ml de água fervente. Cozinhe em fervura leve e reduza até o líquido ter quase evaporado completamente, em seguida misture o creme de leite e a mostarda e cozinhe em fervura leve por mais 5 minutos. Tempere a gosto e mantenha aquecido, tendo o cuidado de não deixar engrossar demais.

Cerca de 10 minutos antes de o aipo-rábano ficar pronto, abra o papel-alumínio e comece a regar com a manteiga derretida a cada 2 minutos para dar uma cor extra. Escorra a cevadinha e tempere-a com sal, pimenta e azeite. Coloque o aipo-rábano sobre uma tábua e corte em fatias finas, como se fosse um pedaço de carne. Regue com o suco do cozimento que ficou no papel-alumínio e sirva com o molho de cogumelos, a cevadinha e muitas verduras.

Frittata de batata-doce e espinafre

É sempre bom ter na manga algumas receitas de ovos – eles são deliciosos, contêm uma proteína valiosa, e uma *frittata* me dá a mesma felicidade que uma quiche, uma torta ou pizza. É melhor servi-la quente, mas ela fica adorável também em temperatura ambiente, em uma quentinha de almoço ou como parte de um piquenique com salada e carnes defumadas.

Serve 4 a 6

Tempo total: 1 hora e 15 minutos

423 calorias

2 batatas-doces médias

azeite de oliva

300 g de espinafre congelado

1 noz-moscada, para ralar

8 ovos grandes

70 g de queijo feta

40 g de queijo cheddar curado

Esta receita utiliza espinafre congelado, podendo ser preparada rapidamente e a qualquer momento, mas o bom da *frittata* é que ela permite aproveitar os vegetais da estação, quando estão mais frescos e com o melhor preço – ervilha, brócolis, a lista não termina...

Preaqueça o forno a 190°C. Limpe bem as batatas-doces, esfregando-as com uma escovinha. Depois, esfregue-as com um pouco de sal, pimenta e azeite, e coloque em uma assadeira. Asse por cerca de 50 minutos ou até que fiquem tenras e cozidas por inteiro, então deixe esfriar o suficiente para manuseá-las.

Coloque uma frigideira antiaderente e refratária de 28 cm sobre fogo médio, adicione um fio generoso de azeite, o espinafre, uma pitada de sal e pimenta e uma boa quantia de noz-moscada ralada, e cozinhe até o espinafre ficar murcho, mexendo ocasionalmente até evaporar todo o líquido. Enquanto isso, quebre os ovos em uma tigela, tempere levemente, bata bem e acrescente metade do queijo feta esmigalhado e metade do cheddar ralado.

Retire a frigideira do fogo – você deve realizar esta próxima etapa bem rapidamente: despeje a mistura de ovos na frigideira e dê uma boa mexida. Rasgue nacos da batata-doce, acrescentando-os à frigideira (descarte a casca, se quiser, mas eu prefiro o seu sabor defumado), esmigalhe o restante de queijo feta e rale o restante do cheddar. Leve a frigideira diretamente ao forno por 13 a 15 minutos ou até que a *frittata* fique fofa e dourada. Sirva diretamente da frigideira ou transfira para uma tábua. Fica adorável servida com uma salada verde temperada com limão-siciliano.

Daal de berinjela
Chapatis artesanais

Se você caprichar neste *daal* e temperá-lo com amor, ele ficará delicioso e incrivelmente econômico. Embora saboroso, o *daal* – prato vegetariano popular na Índia e no Paquistão – tem a tendência de ficar feio, mas eu dei uma produzida nele, servindo-o enrolado nestes *chapatis* artesanais com arroz fofo, berinjela assada e folhas de curry crocantes. Por isso, digo: chega de *daal* feio!

Serve 6

Tempo total: 1 hora e 50 minutos

525 calorias

1 berinjela grande

2 cebolas roxas

4 dentes de alho

2 pedaços (5 cm) de gengibre

4 colheres (sopa) de pasta de curry *rogan josh*

óleo de amendoim

500 g de ervilha partida amarela

1 cubo de caldo de legumes

250 g de farinha de trigo integral, mais um pouco para polvilhar

2 colheres (sopa) de azeite de oliva

1 caneca (320 g) de arroz basmati

1 pimenta vermelha

um punhado de folhas frescas de curry

1 colher (chá) de sementes de mostarda

Preaqueça o forno a 180°C. Corte a berinjela em pedaços de 2 cm, descasque e fatie as cebolas e o alho, descasque e rale finamente o gengibre. Coloque tudo em uma assadeira, junte a pasta de curry e um pouco de óleo de amendoim. Misture bem e asse por 20 a 25 minutos. Desligue o forno, transfira metade dos vegetais assados para uma panela grande para começar a preparar o seu *daal* e recoloque a assadeira com os vegetais restantes no forno desligado para mantê-los aquecidos. Leve a panela ao fogo baixo. Acrescente a ervilha, o cubo de caldo esmigalhado e 2 litros de água e misture bem. Cozinhe em fervura leve, tampado, por cerca de 1 hora e 20 minutos ou até que a ervilha esteja tenra e o *daal* tenha engrossado, mexendo algumas vezes e adicionando borrifadas de água para diluir, se necessário.

Enquanto isso, coloque a farinha em uma tigela com uma pitada de sal e faça um buraco no centro. Coloque ali o azeite e 150 ml de água e misture tudo com um garfo. Quando a massa ficar homogênea, espalhe sobre uma superfície polvilhada com farinha, sove bem e divida em 12 bolinhas. Abra cada bolinha em um círculo, virando a massa conforme for abrindo e polvilhando com mais farinha, se necessário. Coloque uma frigideira sobre fogo médio e cozinhe os *chapatis* por 1 minuto de cada lado, ou até que fiquem cozidos, mas sem dourá-los. Conforme for cozinhando, empilhe os *chapatis* dentro de uma folha de papel-alumínio para mantê-los aquecidos.

Coloque 1 caneca de arroz e 2 canecas de água fervente em uma panela com uma pitada de sal. Cozinhe tampado sobre fogo médio por 12 minutos ou até que todo o líquido tenha sido absorvido. Enquanto isso, prepare o óleo temperado: fatie finamente a pimenta e coloque-a em uma frigideira pequena junto com as folhas de curry, as sementes de mostarda e um fio de óleo de amendoim e leve ao fogo médio por 1 a 2 minutos. Recheie os seus *chapatis* mornos com arroz, *daal* e vegetais assados, regue com o óleo temperado, enrole e mande ver.

Pappa alle zucchine (Sopa de pão e abobrinha)

Esta linda sopa é baseada na clássica italiana *pappa al pomodoro* (sopa de pão e tomate). Você pode usar o mesmo princípio com muitos outros vegetais, já que essencialmente basta cozinhá-los lentamente em fogo baixo para revelar seus sabores profundos, depois juntá-los com um pouco de pão para dar mais corpo. Eu usei abobrinha aqui, mas também ficaria ótima com erva-doce, ervilha, alho-poró ou aspargo.

Serve 4

Tempo total: 1 hora e 35 minutos

209 calorias

2 cebolas

2 dentes de alho

4 abobrinhas

azeite de oliva

1 cubo de caldo de legumes

½ pão amanhecido ou ciabatta

azeite de oliva extravirgem

½ maço de hortelã fresca (15 g)

Descasque e fatie finamente as cebolas e o alho, apare as abobrinhas, corte-as ao meio pelo comprimento, retire as sementes e corte em fatias finas. Coloque tudo em uma panela grande com um fio generoso de azeite sobre fogo médio-baixo. Cozinhe lentamente por cerca de 15 minutos, mexendo algumas vezes e adicionando borrifadas de água, se necessário – a abobrinha e a cebola devem ficar bem cozidas, supermacias e caramelizadas. Prepare gentilmente e em troca você obterá sabores intensos.

Quando o tempo tiver acabado, adicione o cubo de caldo esmigalhado e o pão rasgado em pedaços mais ou menos grandes. Despeje 1 litro de água fervente, deixe ferver de novo e cozinhe em fogo baixo por mais 10 minutos ou até que fique delicioso e espesso. Tempere a gosto, adicione um fio generoso de azeite extravirgem, pique finamente as folhas de hortelã e misture à sopa. Divida entre as tigelas e sirva.

Assim como a *panzanella* de linguiça (veja página 180), esta receita é perfeita para aproveitar pão amanhecido.

Se plantar as suas próprias abobrinhas, você não precisará retirar as sementes. E também terá, de bônus, as lindas flores de abobrinha, que ficarão ótimas se forem rasgadas dentro da sopa bem no final do preparo, adicionando um pouco de cor.

A melhor couve-flor com queijo e brócolis

Couve-flor gratinada com queijo sempre foi um dos pratos preferidos na casa dos Oliver. Tenho de ser honesto, é algo tão básico que nunca pensei que poderia fazer melhor, mas esta versão tem um aprimoramento, com brócolis amassados no molho branco e o crocante das amêndoas e do farelo de pão por cima – é épico! Brócolis e couve-flor congelados são perfeitos para esta receita, e lembre-se: quanto melhor o queijo, melhor ficará o prato.

Serve 8 como acompanhamento

Tempo total: 1 hora e 35 minutos

267 calorias

2 dentes de alho

50 g de manteiga sem sal

50 g de farinha de trigo

500 ml de leite semidesnatado

500 g de brócolis frescos ou congelados

75 g de queijo cheddar curado

1 kg de couve-flor fresca ou congelada

2 fatias de pão amanhecido ou ciabatta

2 ramos de tomilho fresco

25 g de amêndoa em lascas

azeite de oliva

Preaqueça o forno a 180°C. Descasque e fatie finamente o alho e coloque-o em uma panela média com a manteiga sobre fogo médio. Quando a manteiga tiver derretido, misture a farinha por 1 minuto para criar uma pasta, depois gradualmente adicione o leite, batendo enquanto cozinha, para que fique adoravelmente macio. Acrescente os brócolis (corte-os primeiro, se forem frescos) e cozinhe em fervura baixa por cerca de 20 minutos, ou até que estejam bem cozidos e começando a se desmanchar, depois bata tudo com um mixer (adicionando uma borrifada extra de leite para diluir, se utilizar brócolis frescos). Rale metade do cheddar e tempere a gosto.

Arrume a couve-flor em uma assadeira de tamanho apropriado (primeiro corte-a em buquês, se utilizá-la fresca), cubra-a com o molho branco com brócolis e rale por cima o restante do cheddar. Passe o pão pelo processador de alimentos para obter um farelo, depois processe junto as folhas de tomilho e a amêndoa. Misture com um fio de azeite e uma pitada de sal e pimenta, em seguida polvilhe uniformemente sobre a couve-flor com queijo. Asse por 1 hora ou até que fique dourada e cozida por inteiro, e aproveite!

É bem divertido testar diferentes queijos nesta receita, ver como eles derretem e sentir os diversos sabores. Também vale tentar outros vegetais no lugar da couve-flor – por exemplo, pedaços de 2-3 cm de abóbora, batata ou alho-poró. Alguns legumes levam mais tempo que outros para cozinhar, por isso espete-os com uma faca para verificar se estão bem cozidos. Experimente e escolha os seus favoritos.

Feijão assado com molho barbecue
Batata-doce amassada

Delicioso e moderno, este prato é ótimo para ser servido como um jantar vegetariano; sem os croûtons, transforma-se em acompanhamento perfeito para qualquer carne assada ou grelhada. Sinta-se à vontade para usar qualquer tipo de feijão em conserva ou até mesmo grão-de-bico, se preferir.

Serve 6

Tempo total: 1 hora e 25 minutos

535 calorias

2 cebolas roxas

2 dentes de alho

1 pimenta vermelha

2 cenouras grandes

azeite de oliva

1 colher (chá) cheia de páprica doce defumada

1 colher (chá) rasa de sementes de cominho

1 colher (chá) rasa de flocos de pimenta seca

6 batatas-doces médias

700 ml de *passata* de tomate

2 latas (400 g cada) de feijões diversos

100 ml de molho barbecue

alguns ramos de alecrim

½ pão amanhecido ou ciabatta

opcional: 40 g de queijo cheddar curado

iogurte natural desnatado, para servir

Preaqueça o forno a 180°C. Descasque as cebolas e o alho, depois fatie-os finamente junto com a pimenta. Descasque e pique as cenouras. Arrume tudo em uma assadeira grande e coloque sobre fogo médio com um fio generoso de azeite, a páprica, o cominho e os flocos de pimenta. Cozinhe por 20 minutos ou até que fique tenro, mexendo regularmente. Enquanto isso, limpe as batatas-doces com uma escovinha, depois esfregue nelas um pouco de azeite, sal e pimenta, acomode-as em uma assadeira e reserve.

Quando tiverem passado os 20 minutos, adicione a *passata* à assadeira grande, despeje uma borrifada de água dentro da embalagem vazia, sacuda e despeje na assadeira. Junte o feijão com o líquido da conserva. Regue com o molho barbecue, tempere levemente com sal e pimenta e mexa bem. Arranque as folhas de alecrim e pique-as grosseiramente, misture-as com um pouco de azeite e espalhe sobre o feijão. Leve a assadeira ao forno por cerca de 1 hora ou até assar e começar a borbulhar, adicionando uma ou duas borrifadas de água para afinar, se necessário. Coloque a assadeira com as batatas-doces no forno pela mesma quantidade de tempo ou até que fiquem macias e cozidas por inteiro.

Aproximadamente 20 minutos antes de o feijão ficar pronto, rasgue o pão em nacos grandes, coloque em uma assadeira e regue com um fio generoso de azeite. Rale o cheddar por cima (se for utilizá-lo) e acomode a assadeira na prateleira inferior do forno por cerca de 15 minutos ou até que o pão esteja crocante e dourado, para fazer os croûtons.

Retire todas as assadeiras do forno, corte as batatas-doces em pedaços grandes e amasse ligeiramente. Sirva o feijão com os pedaços de batata-doce, porções de iogurte e os croûtons caseiros para aproveitar o delicioso molho, acompanhado de uma salada verde simples.

Frituras de beterraba
Lentilha com salada

Esta foi uma das últimas receitas que criei para este livro – eu queria acrescentar mais uma salada excitante que fizesse jus à desprezada beterraba e desse o devido tratamento às lentilhas, de modo que resultasse em um prato delicioso. Testamos e amamos este prato – é bonito, saboroso e nutritivo. Espero que você também o ame.

Serve 4

Tempo total: 40 minutos

426 calorias

250 g de lentilhas du Puy

1 cebola roxa

3 colheres (sopa) de vinagre de vinho tinto

3 colheres (sopa) de azeite de oliva extravirgem

1 colher (chá) de mostarda inglesa

125 g de beterraba cozida embalada a vácuo

1 colher (chá) cheia de raiz-forte em conserva ralada

1 ovo grande

2 colheres (sopa) de farinha de trigo

200 g de queijo cottage

azeite de oliva

1 pé de alface lisa

Cozinhe as lentilhas de acordo com as instruções da embalagem, depois escorra, reservando um pouco da água do cozimento. Enquanto isso, descasque a cebola, fatie bem fino com um descascador de legumes (cuidado com os dedos!) ou com uma faca bem afiada. Coloque-a em uma tigela, adicione 1 colher (sopa) de vinagre e uma boa pitada de sal, amasse e misture tudo para fazer uma conserva rápida de cebola e reserve.

Em outra tigela, misture o vinagre restante, o azeite extravirgem, a mostarda e o líquido da embalagem de beterraba (deixe a beterraba reservada). Tempere a gosto e separe um pouco do molho para regar no final. Misture o molho restante com as lentilhas, diluindo com uma borrifada da água do cozimento reservada, se necessário.

Misture a raiz-forte, o ovo e a farinha em uma vasilha, depois acrescente o queijo cottage e tempere bem. Pique a beterraba em pedaços de tamanho semelhante às bolotas de queijo cottage (use luvas de borracha para fazer isso), em seguida mexa a beterraba dentro da mistura para criar um efeito rajado. Coloque sobre fogo médio uma frigideira grande antiaderente com um fio generoso de azeite. Frite colheradas (chá) bem cheias da mistura de beterraba por 2 a 3 minutos de cada lado ou até que dourem. Enquanto isso, apare o talo da alface e destaque as folhas.

Esprema a cebola para eliminar o excesso de líquido salgado e tudo estará pronto para servir. Comece com as lentilhas, seguidas das folhas de alface, a conserva rápida de cebola, as frituras e, por fim, regue com o molho reservado. Delicioso.

Minestrone feliz

Quando a geladeira estiver tristemente vazia, é fácil preparar este minestrone saudável com ingredientes da despensa e do freezer, aproveitando todos aqueles irritantes restinhos de massa que você tem guardados em pacotinhos ocupando as prateleiras. Eu não gosto muito da aparência desta sopa, mas ela é supersaborosa. Felicidade plena.

Serve 6

Tempo total: 1 hora

449 calorias

2 cebolas

1 kg de cenoura, aipo-rábano e abóbora misturados

azeite de oliva

1 cubo de caldo de legumes

1 lata (400 g) de tomate pelado picado

1 lata (400 g) de feijão-rajado

200 g de massas curtas diversas

200 g de espinafre congelado

200 g de uma mistura de ervilha e fava congeladas

½ pão amanhecido ou ciabatta

30 g de queijo parmesão

opcional: vinho tinto

azeite de oliva extravirgem

Preaqueça o forno a 180°C. Descasque as cebolas, a cenoura, o aipo-rábano e a abóbora, corte tudo em cubos de 1 cm e coloque em uma panela grande com um fio generoso de azeite sobre fogo médio. Cozinhe por cerca de 10 minutos, mexendo ocasionalmente, depois adicione o cubo de caldo esmigalhado, o tomate, o feijão (com o líquido da conserva) e 2 litros de água fervente. Espere ferver e reduza o fogo para uma fervura lenta por 30 minutos. Esmigalhe as massas e acrescente nos últimos 10 minutos, junto com o espinafre, a ervilha e a fava.

Enquanto isso, rasgue o pão em nacos grandes, coloque em uma assadeira, polvilhe pimenta e regue com azeite. Rale por cima a maior parte do queijo parmesão e asse por 20 a 25 minutos ou até que fique dourado e crocante, virando os pedaços de pão na metade do tempo de cozimento.

Tempere a sopa a gosto, adicionando um pouquinho de vinho tinto (se tiver), regue com um pouco de azeite extravirgem e rale o restante do parmesão. Sirva com os croûtons rústicos ao lado.

Você pode aproveitar praticamente qualquer combinação de vegetais frescos e congelados para este prato – acrescente tudo o que você tiver à mão. Algumas ervas frescas também funcionam lindamente, por isso pique-as e acrescente, se você as tiver.

VOCÊ JÁ ...
ABRIU UMA GARRAFA DE VINHO E NÃO A TERMINOU?

Se terminou, você deve ir direto pro AAA... mas, falando sério, muitas pessoas não terminam todas as garrafas de vinho que abrem. Se você é dessas pessoas, não jogue fora o que sobrou – use-o para preparar o seu próprio e delicioso vinagre. Se pesquisar, encontrará muitos métodos detalhados, mas eu gosto de fazer, como explico nesta página. É divertido e o produto final é melhor do que o vinagre que você compra porque contém um vinho decente. O vinagre é um dos mais importantes e subestimados ingredientes da cozinha. Ele tem a capacidade de transformar totalmente a sua arte culinária, portanto use-o com confiança. Aquele contraste entre ricos sabores de gordura e o vinagre é incrível. É por isso que é tão bom comer kebab com picles e cordeiro com molho de hortelã feito com vinagre. O vinagre também é um ótimo apaziguador do estômago e ajuda a digerir os alimentos. Experimente.

Existem dois métodos fáceis que você pode usar para preparar o seu próprio vinagre. Para começar, você precisará de uma bactéria chamada "mãe" do vinagre para acidificar o vinho e transformá-lo em vinagre. Essas bactérias estão flutuando pela atmosfera o tempo todo. Portanto, para iniciar o processo, deixe duas garrafas de qualquer vinagre meio vazias, sem tampa, dentro de um armário escuro entre 16°C e 26°C. Após duas semanas, o vinagre ficará um pouco turvo, com depósitos no fundo e uma espécie de película flutuando. Parece nojento, mas é bom que isso aconteça – é a "mãe". Uma coisa importante é que você nunca deve tocar a "mãe" com metal, uma vez que a reação química resultante matará a cultura. Portanto, tenha cuidado!

Agora você tem duas opções – ou você começa a adicionar o resto do seu vinho a essas garrafas de vinagre, ou você pode decantá-las em uma jarra grande de cerâmica com um prato como tampa, ou um recipiente próprio para vinagre. Simplesmente misture o vinagre "mãe" com o resto do seu vinho e, após duas semanas, você já pode usar o vinagre sempre que quiser, e siga completando o recipiente com sobras de vinho. Sempre que você estiver cozinhando, dê uma sacudida no recipiente para que o oxigênio penetre no vinagre. Se quiser fazer vinagre só de vinho branco ou só de vinho tinto, mantenha-os separados, mas eu pessoalmente tenho um único jarro de vinagre, e funciona muito bem.

O segundo modo simples e divertido de criar a "mãe" do vinagre é ir colocando os seus restos de vinho em uma garrafa até encher um pouco mais que a metade. Coloque a rolha, embrulhe a garrafa em filme plástico e envolva-a com um pano de prato. Guarde-a no bagageiro de seu carro e deixe que ela fique rolando durante um mês – isso agita bem o vinho e faz com que ele crie a sua própria "mãe".

Você pode fazer também vinagres temperados. Eles acrescentam um sabor incrível aos molhos e são ótimos para fazer conservas. Simplesmente decante o seu vinagre em uma bela garrafa, adicione o sabor escolhido, sele, etiquete e coloque na prateleira. Ervas frescas diversas, frutas silvestres, pimentas, temperos como canela e sementes de mostarda, grãos de pimenta e raspas de frutas cítricas são ótimos para dar sabor ao vinagre.

with love
RASPBERRY
AND TARRAGON

Massa com molho de tomate – 4 modos fantásticos

É assim que eu e minha família gostamos de comer uma boa e velha massa com molho de tomate. Simples demais, rápido demais, saboroso demais – aproveite.

Arrabbiata

374 calorias

Serve 4

Tempo total: 20 minutos

Corte 1 pimenta vermelha ao meio pelo comprimento e coloque em uma panela com um fio generoso de azeite de oliva sobre fogo médio enquanto você descasca e fatia 2 dentes de alho. Adicione à panela o alho e uma pitada de flocos de pimenta seca e frite por 1 minuto, depois acrescente 2 latas (400 g cada) de tomate pelado picado. Coloque uma borrifada de água em uma das latas vazias, dê uma girada e adicione ao molho. Quando ferver, reduza o fogo e cozinhe por cerca de 15 minutos. Enquanto isso, cozinhe 320 g de espaguete seco e escorra. Tempere o molho a gosto e misture com a massa. Sirva decorado com algumas folhas de manjericão.

Peperonata

369 calorias

Serve 4

Tempo total: 35 minutos

Retire as sementes de 2 pimentões, corte-os em cubinhos e frite em uma panela com um fio generoso de azeite de oliva sobre fogo médio-baixo por 15 minutos, mexendo regularmente. Descasque e fatie 2 dentes de alho, adicione à panela e frite por 1 minuto, depois acrescente 1 colher (sopa) de vinagre de vinho tinto e 2 latas (400 g cada) de tomate pelado picado. Coloque uma borrifada de água em uma das latas vazias, dê uma girada e adicione ao molho. Quando ferver, reduza o fogo e cozinhe por cerca de 15 minutos. Enquanto isso, cozinhe 320 g de macarrão penne e escorra. Tempere o molho a gosto e misture com a massa. Sirva polvilhado com queijo parmesão ralado.

Caponata

367 calorias

Serve 4

Tempo total: 35 minutos

Corte 1 berinjela grande em cubos de 1 cm e frite-os em uma panela com um fio generoso de azeite de oliva sobre fogo médio por 15 minutos, mexendo com frequência. Adicione 1 colher (sopa) de açúcar mascavo e 1 colher (sopa) de vinagre de vinho tinto. Descasque e fatie 2 dentes de alho, acrescente à panela e frite por 1 minuto. Despeje 2 latas (400 g cada) de tomate pelado picado, coloque uma borrifada de água em uma das latas vazias, dê uma girada e adicione ao molho. Quando ferver, reduza o fogo e cozinhe por cerca de 15 minutos. Enquanto isso, cozinhe 320 g de tagliatelle seco e escorra. Tempere o molho a gosto e misture com a massa. Sirva polvilhado com queijo parmesão ralado.

Puttanesca

430 calorias

Serve 4

Tempo total: 20 minutos

Retire o caroço de 16 azeitonas pretas e amasse, descasque e fatie 2 dentes de alho. Coloque as azeitonas e o alho em uma panela sobre fogo médio com um fio generoso de azeite de oliva, 1 colher (chá) bem cheia de alcaparras e uma pitada de pimenta seca em flocos. Frite por 2 minutos, depois acrescente 2 latas (400 g cada) de tomate pelado picado. Coloque uma borrifada de água em uma das latas vazias, dê uma girada e adicione à panela. Escorra 1 lata (200 g) de atum e junte ao molho. Quando ferver, reduza o fogo e cozinhe por cerca de 15 minutos. Enquanto isso, cozinhe 320 g de macarrão tipo concha e escorra. Misture a massa com o molho. Para servir, rale por cima raspas de limão-siciliano.

Okonomiyaki (Panquecas japonesas épicas)

Okonomi significa "qualquer coisa que você goste", e esta panqueca existe basicamente para você aproveitar sobras de ingredientes. Nos últimos anos, no Japão e ao redor do mundo, este conceito começou a entrar no território das pizzas graças à sua versatilidade e popularidade – todo mundo o ama. Portanto, aqui está uma versão de panqueca que eu adoro, com tofu, cogumelo, rabanete e repolho. Um verdadeiro prazer.

Serve 6

Tempo total: 30 minutos

269 calorias

1 cebola

100 g de cogumelos-de-paris

½ repolho-crespo ou couve-chinesa

100 g de rabanete

350 g de tofu macio

6 ovos grandes

150 g de farinha de trigo

azeite de oliva

ketchup ou molho de pimenta

molho de soja (shoyu) com baixo teor de sódio

maionese ou iogurte natural desnatado

Descasque e fatie finamente a cebola, fatie também os cogumelos, o repolho (descarte os talos duros) e os rabanetes. Seque o tofu, dando batidinhas leves com toalhas de papel, e corte em cubos de 1 cm. Bata os ovos com a farinha até ficar liso, tempere bem, depois junte o tofu e os vegetais fatiados e mexa até que a mistura de ovo envolva tudo.

Coloque um fio generoso de azeite em uma frigideira sobre fogo médio. Adicione metade da mistura e cozinhe por 4 a 5 minutos de cada lado, ou até que a panqueca fique dourada e cozida por inteiro – se tiver prática, gire-a no ar sobre a frigideira, caso contrário, vire-a sobre um prato, depois cuidadosamente escorregue-a de volta à frigideira com o lado cru voltado para baixo. Sirva imediatamente, regada com ketchup ou molho de pimenta, molho de soja e um pouco de maionese ou iogurte (você pode usá-los direto do pote, mas eu prefiro colocar os molhos dentro de sacos plásticos para sanduíche, fazer um corte pequeno em uma das pontas e espremê-los sobre as panquecas formando um belo listrado). Repita o procedimento com a outra metade da mistura.

Para fazer um saboroso picles para acompanhar, corte ½ pepino ao meio pelo comprimento e raspe as sementes, depois fatie e esmague em uma tigela com uma pitada de pimenta seca em flocos e um fio de molho de soja (shoyu), óleo de gergelim e vinagre de vinho branco.

FRANGO

• RECEITAS DE FRANGO •

Neste capítulo começo com um clássico frango assado de domingo, que certamente renderá algumas sobras, de modo que, em seguida, apresento receitas que aproveitam essa carne ou a carcaça do frango. Depois há pratos saborosos que utilizam pequena quantidade de carne ou que mostram o quanto os cortes mais baratos podem ser versáteis. E, por favor, compre os frangos da RSPCA Freedom Food. (N.T.: A RSPCA é uma associação britânica de defesa dos animais.) Essas aves são criadas seguindo padrões mais elevados de bem-estar e, como eu já visitei fazendas que seguem esses padrões, posso dizer honestamente que é o tipo de carne com o qual eu alimentaria a minha família. Comece assim, e depois evolua para a carne orgânica e para as aves criadas livremente.

A BASE DE TUDO

RECEITAS COM SOBRAS

MAIS RECEITAS

COMPRE BEM

A BASE DE TUDO
FRANGO ASSADO DE DOMINGO

O segredo para sua carne suculenta, seu sabor e o cozimento rápido é usar um limão-siciliano perfurado que fica cozinhando junto com as batatas no interior do frango, e que contribui para que o frango cozinhe por dentro. Também apresento aqui algumas receitas ótimas de molhos e acompanhamentos.

Serve 4, rende sobras
Tempo total: 2 horas

643 calorias

1 kg de batata

1 limão-siciliano

4 ramos de alecrim

1 frango inteiro (cerca de 1,8 kg)

azeite de oliva

1 cebola

500 g de cenoura

2 bolotas de manteiga sem sal

1 laranja

2 ramos de tomilho

2 dentes de alho

1 colher (sopa) cheia de farinha de trigo

½ repolho-crespo

250 g de ervilha congelada

Depois de assado, retire o limão da cavidade do frango, deixe-o esfriar e leve à geladeira. Pique o limão e acrescente pedaços a qualquer receita de cuscuz, ou arroz, a fim de enriquecer o sabor.

Preaqueça o forno a 180°C. Descasque as batatas e afervente-as junto com o limão em uma panela com água salgada por 12 minutos. Enquanto isso, destaque as folhas de metade dos ramos de alecrim e esmague-as com uma boa pitada de sal e pimenta. Coloque o frango em uma assadeira e esfregue-o bem com essa mistura e com um fio generoso de azeite. Descasque a cebola, corte em 8 partes e acomode-as ao lado do frango. Descasque as cenouras, acomode as cascas embaixo do frango, corte as cenouras em palitos de 3 cm, arrume em uma assadeira e coloque por cima 1 bolota de manteiga. Raspe a casca da laranja sobre a assadeira da cenoura e esprema o suco por cima. Acrescente as folhas de tomilho e uma pitada de sal e pimenta. Mexa bem, cubra a assadeira com papel-alumínio e reserve.

Escorra a água das batatas. Perfure o limão com uma faca e coloque-o dentro do frango. Asse o frango por 1 hora e 20 minutos ou até que fique dourado por inteiro. Acomode as batatas em uma assadeira, regue com um fio generoso de azeite, tempere com uma pitada de sal e pimenta, espalhe o restante das folhas de alecrim e o alho esmagado e misture bem. Coloque as duas assadeiras, a da cenoura e a da batata, debaixo da prateleira do frango durante a última hora de cozimento, ou até que fiquem douradas.

Retire o frango do forno, transfira para uma travessa e cubra-o com papel-alumínio. Recolha o suco que se formou na assadeira do frango e guarde em um pote de vidro para ser usado em outro dia. Coloque a assadeira sobre a chama média do fogão e acrescente a farinha, mexendo, depois despeje 600 ml de água fervente e o suco do frango. Mexa bem e deixe ferver em fogo baixo até obter a consistência desejada, em seguida coe o molho e coloque em uma molheira. Elimine a parte central do repolho, destaque as folhas e cozinhe-as em água salgada por 5 minutos, adicionando a ervilha nos últimos 2 minutos. Escorra, passe para uma travessa, coloque 1 bolota de manteiga por cima e mexa.

SOBRAS

NOODLES SINGAPURA

O noodles Singapura é um clássico maravilhoso que fará com que você se sinta satisfeito e feliz. Para mim, o bom deste prato é que ele permite aproveitar sobras de vários alimentos diferentes, e pode até mesmo se tornar uma ótima opção vegetariana. Portanto, esta receita pode ajudá-lo a desperdiçar menos.

Serve 4 a 6

Tempo total: 30 minutos

470 calorias

225 g de noodles finos de arroz

1 colher (sopa) de amendoim sem sal

150 g de carne de porco moída

azeite de oliva

1 colher (chá) cheia de curry em pó

1 colher (chá) rasa de tempero chinês cinco-especiarias

1 dente de alho

1 pedaço (5 cm) de gengibre

150 g de sobras de frango cozido

4 cogumelos-de-paris ou *portobello*

½ repolho-branco

150 g de camarão sem casca congelado

200 g de ervilha congelada

2 ovos grandes

molho de soja (shoyu) com baixo teor de sódio

1 limão taiti

1-2 pimentas vermelhas

4 cebolinhas verdes

Certifique-se de estar com todos os ingredientes enfileirados e prontos. Coloque os noodles em uma tigela, cubra com água fervente, deixe reidratar por 5 minutos ou até que fique macio, escorra e reserve. Triture os amendoins em um almofariz e toste em um wok ou em uma frigideira grande sobre fogo médio até ficarem dourados. Retire o amendoim da frigideira, reserve e leve a frigideira de volta ao fogo. Coloque na frigideira a carne de porco moída, um fio generoso de azeite, o curry e o tempero cinco-especiarias. Mexa e frite por 5 minutos, ou até que a carne fique ligeiramente dourada, enquanto você descasca e pica finamente o alho e o gengibre, e fatia o frango, os cogumelos e o repolho.

Sem parar de mexer, adicione à frigideira o alho, o gengibre, o frango e o camarão; depois de 1 minuto, acrescente o cogumelo, o repolho e a ervilha. Misture bem e cozinhe por 4 minutos, então afaste tudo para um lado da frigideira e quebre os ovos no espaço vazio – mexa-os para que comecem a se desmanchar e cozinhar. Junte os noodles e mexa por 2 minutos. Prove e tempere a gosto com o molho de soja, regue com o suco de limão e transfira para uma travessa. Fatie finamente as pimentas e as cebolinhas e espalhe-as por cima. Polvilhe o amendoim e coma imediatamente.

SOBRAS

SALADA FRANCESA

Eu amo esta salada francesa – ela engrandece as vagens e, com as lentilhas, cria um sabor incrível. Não tenha medo de exagerar na mostarda, porque é isso que faz com que as lentilhas, as vagens e o frango entrem em harmonia. Esta receita é ótima para aproveitar sobras de qualquer carne branca de ave.

Serve 4

Tempo total: 45 minutos

478 calorias

250 g de lentilhas du Puy

azeite de oliva extravirgem

vinagre de maçã ou de vinho branco

opcional: 2 cebolinhas verdes

1 dente de alho

2½ colheres (chá) de mostarda Dijon

1 colher (chá) de mel

2 ovos grandes

200 g de vagem

200 g de sobras de frango cozido

opcional: 4 ramos de estragão fresco

1 pé de alface-americana

Cozinhe a lentilha de acordo com as instruções da embalagem, escorra e reserve um pouco da água do cozimento. Recoloque na panela a lentilha e a água reservada e acrescente um fio de azeite e um fio de vinagre. Tempere a gosto e deixe a panela tampada para manter aquecido.

Apare e fatie finamente as cebolinhas (se for utilizá-las) e coloque-as em uma tigela. Junte o alho passado pelo espremedor, a mostarda, o mel, 1 colher (sopa) de vinagre, 3 colheres (sopa) de azeite e uma pitada de sal e pimenta. Misture bem para preparar o molho e reserve.

Ferva os ovos em uma panela com água por 6 minutos, depois retire-os com a ajuda de uma colher vazada e passe sob água corrente para esfriá-los. Apare as extremidades das vagens e coloque-as na água fervente para escaldar por 4 minutos ou até que fiquem cozidas. Enquanto isso, desfie a carne de frango. Escorra as vagens e, enquanto elas estiverem quentes, misture-as com um pouco do molho, a carne de frango desfiada e as folhas de estragão (se for utilizá-las).

Transfira a lentilha morna e temperada para uma travessa grande. Elimine as folhas externas da alface, corte o centro em quatro partes e acomode por cima da lentilha. Cubra com o frango e as vagens, regue com o restante do molho e misture tudo. Descasque os ovos, corte-os em quatro pedaços, acomode-os ao redor da salada e sirva.

> Se tiver menos carne de frango do que a quantidade que eu sugiro aqui, você pode adicionar mais 1 ou 2 ovos, um pouco de grão-de-bico ou feijão temperado para compensar.

SOBRAS

FRANGO ENSOPADO – 4 MODOS

Um simples e delicioso frango ensopado feito dos meus quatro jeitos prediletos – escolha qual prefere e aproveite.

Retire 300 g de sobras de carne de uma carcaça de frango e reserve. Acomode a carcaça e todos os ossos em uma panela e use o rolo de massa para esmagá-los. Cubra com 1 litro de água, deixe ferver e cozinhe em fogo baixo por pelo menos 30 minutos, escumando os resíduos que se formam na superfície. Enquanto isso, pique 4 tiras de bacon defumado e coloque em uma caçarola com um fio de azeite sobre fogo médio. Descasque e pique 2 cebolas, 3 cenouras e 2 batatas ou 250 g de aipo-rábano em cubos de 2 cm. Adicione os vegetais, alguns ramos de tomilho e 2 folhas de louro. Cozinhe por 10 minutos, mexendo regularmente. Corte ao meio 200 g de cogumelos-de-paris e leve à caçarola, juntando também a carne de frango e 1 colher (sopa) cheia de farinha de trigo. Passe o caldo do cozimento dos ossos por uma peneira, despejando-o diretamente na caçarola (complete com água, se necessário) e deixe ferver por 40 minutos, ou até engrossar, enquanto você começa a preparar a receita escolhida. Tempere a gosto e sirva com verduras.

TORTA DE FRANGO

511 calorias

Serve 6

Tempo total: 2 horas, incluindo o ensopado

Passe em um processador 125 g de manteiga sem sal gelada, 250 g de farinha de trigo e uma pitada de sal; depois adicione 4 colheres (sopa) de água. Embrulhe em filme plástico e leve à geladeira por 30 minutos. Preaqueça o forno a 190°C. Transfira o ensopado para uma assadeira e pincele as laterais com 1 ovo batido com um pouco de água. Abra a massa sobre uma superfície com farinha, então acomode-a por cima do ensopado, cobrindo toda a superfície da assadeira. Aperte as bordas da massa, faça cortes no centro, pincele com o ovo batido e asse por 30 minutos ou até que doure e aqueça bem.

FRANGO ENSOPADO COM PURÊ

332 calorias

Serve 4

Tempo total: 1 hora e 50 minutos, incluindo o ensopado

Lave e descasque 800 g de batata, corte em pedaços de mesmo tamanho e cozinhe em uma panela com água salgada fervente por cerca de 20 minutos ou até que esteja cozida. Escorra a batata e amasse-a com 1 bolota grande de manteiga sem sal, 4 colheres (sopa) de leite semidesnatado e algumas raspas de noz-moscada (se você tiver). Tempere a gosto e sirva com o ensopado quente, ou transfira o ensopado para uma assadeira (aproximadamente 25 cm x 30 cm), cubra-o com o purê e asse por cerca de 20 minutos ou até que doure e aqueça bem.

LASANHA DE FRANGO

424 calorias

Serve 4

Tempo total: 2 horas e 20 minutos, incluindo o ensopado

Preaqueça o forno a 190°C. Prepare um molho branco derretendo 50 g de manteiga sem sal em uma panela sobre fogo médio. Adicione 50 g de farinha de trigo e bata para criar uma pasta, então acrescente, sempre batendo, 700 ml de leite semidesnatado. Cozinhe em fogo baixo até engrossar e tempere a gosto. Em uma assadeira, faça camadas alternando o ensopado de frango, as folhas de 250 g de massa fresca de lasanha e o molho branco. Finalize com uma camada de molho branco e uma boa porção de queijo cheddar curado ralado; asse por 40 minutos ou até que a lasanha fique dourada e borbulhante.

FRANGO ENSOPADO COM DUMPLINGS

493 calorias

Serve 4

Tempo total: 1 hora e 40 minutos, incluindo o ensopado

Coloque 250 g de farinha de trigo e uma pitada de sal em uma tigela. Rale 125 g de manteiga sem sal gelada e adicione à tigela, esfregando-a com a farinha entre os dedos até obter um farelo. Acrescente 100 ml de água fria e amasse até formar uma bola de massa. Divida a massa em 12 pedaços e molde em bolinhas. Quando o ensopado estiver em seus últimos 20 minutos de preparo, transfira-o para uma panela e acomode as bolinhas por cima. Tampe a panela e asse no forno a 190°C por 30 minutos ou até que os *dumplings* estejam macios e cozidos.

FRANGO ASSADO RISOTO DE ERVILHA

SOBRAS

Um risoto bem-feito geralmente é visto como um prato sofisticado de restaurante, mas esse fantástico arroz do norte da Itália sempre foi adotado por italianos econômicos. É perfeito para pratos elegantes dentro do orçamento, e este, com frango e ervilha, é um dos meus favoritos.

Serve 4

Tempo total: 1 hora e 20 minutos

475 calorias

1 carcaça de frango, mais sobras de frango cozido

2 cebolas

azeite de oliva

300 g de arroz para risoto

200 g de ervilha congelada

1 bolota de manteiga sem sal

60 g de queijo parmesão

azeite de oliva extravirgem

opcional: 2 punhados grandes de rúcula

Se tiver uma garrafa de vinho branco aberta, adicione 100 ml ao risoto e deixe que ele evapore antes de começar a acrescentar o caldo. Isso dará ao seu risoto um perfume maravilhoso.

Para preparar o caldo, retire toda a carne da carcaça do frango, desfie e reserve. Acomode a carcaça e todos os ossos em uma panela grande e use o rolo de massa para esmagá-los. Cubra com 2 litros de água, deixe ferver e cozinhe em fogo baixo por pelo menos 30 minutos, escumando os resíduos que se formam na superfície. Mantenha o caldo aquecido no fogo mais baixo possível e coe antes de utilizá-lo.

Enquanto isso, descasque e pique finamente as cebolas e coloque em uma panela grande com um fio generoso de azeite sobre fogo baixo. Refogue a cebola, mexendo de vez em quando, por cerca de 15 minutos ou até que fique tenra, mas sem dourar. Acrescente o arroz, mexa por 2 minutos, aumente para fogo alto e junte uma concha do caldo. Quando ferver, reduza o fogo e deixe cozinhar até o caldo ser absorvido. Adicione mais uma concha de caldo e continue mexendo e repetindo o processo por 16 minutos no total. Ao final, acrescente a ervilha congelada e as sobras de carne de frango reservadas, e cozinhe por mais alguns minutos ou até que o arroz esteja cozido, mas sem perder a forma. Adicione uma última borrifada de caldo ou água para obter uma consistência fina e macia.

Agora é hora de misturar a manteiga e a maior parte do parmesão ralado ao risoto, temperando-o a gosto. Retire do fogo, tampe a panela, deixe descansar por 2 minutos e mexa bem. Finalize com um fio generoso de azeite extravirgem, rale o restante do parmesão por cima e sirva com folhas de rúcula (se for utilizá-la).

Às vezes, é mais barato usar um bom queijo cheddar curado do que o parmesão. Ainda que não seja o ingrediente original, ele cria um risoto brilhante e você economiza.

SOPA DEFUMADA DE FRANGO

SOBRAS

Toda vez que eu tomo esta sopa, fico incrivelmente feliz. As sobras de carne de frango e o caldo feito a partir da carcaça dão um sabor intenso; o milho e o bacon crocante se juntam para criar um sabor absolutamente prazeroso. É um prato sociável, ótimo para fazer para os amigos e servir diretamente da panela no centro da mesa.

Serve 6

Tempo total: 45 minutos

292 calorias

1 carcaça de frango, mais 200 g de sobras de frango cozido

1 cebola

2 cenouras

1 batata grande

opcional: ½ maço de salsa (15 g)

4 tiras de bacon defumado

500 g de milho congelado

100 ml de creme de leite

um punhado de cream crackers

Claro, você pode fazer muitas variações em uma receita de sopa e, se tiver um punhado de vôngoles, acrescente-os – só vai melhorar a festa.

Para preparar o caldo, retire toda a carne da carcaça do frango, desfie e reserve. Acomode a carcaça e todos os ossos em uma panela grande e use o rolo de massa para esmagá-los. Cubra com 2 litros de água, deixe ferver e cozinhe em fogo baixo por pelo menos 30 minutos, escumando os resíduos que se formarem na superfície.

Enquanto isso, descasque a cebola, as cenouras e a batata e corte-as em cubos de 1 cm. Pique os talos de salsa (se for utilizá-la) e corte o bacon em pedaços. Frite o bacon em uma panela grande sobre fogo médio até que fique dourado e crocante. Retire com uma colher vazada e reserve, deixando a panela com a gordura sobre o fogo. Adicione à panela a cebola, a cenoura, a batata e os talos de salsa (se for utilizá-la) e cozinhe por cerca de 25 minutos ou até que fiquem macias, mexendo regularmente.

Coe o caldo, transferindo-o para a panela. Acrescente o milho e as sobras de carne de frango, espere ferver e cozinhe em fogo baixo por 5 minutos. Separe cerca de ¼ da sopa e use um mixer para processá-la até obter um creme. Devolva o creme à panela e misture com o restante (adapte a sopa à sua preferência, mais ou menos batida). Retire do fogo e acrescente o creme de leite, tempere a gosto e adicione uma borrifada de água para diluir um pouco, se desejar. Para servir, espalhe por cima o bacon crocante partido, os cream crackers esmigalhados e as folhas de salsa (se for utilizá-la).

SOBRAS

WRAP CHINÊS DE FRANGO

Quer você prepare esta receita para o almoço, para o lanche ou para levar ao trabalho, eu adoro o fato de que um simples wrap possa rapidamente virar algo fantástico com adoráveis sobras de frango, um pouco de noodles, alface e um toque de *hoisin*. Aqui eu indico as quantidades perfeitas para 1 porção.

Serve 1

416 calorias

Tempo total: 10 minutos

20 g de noodles finos de arroz

1 tortilha grande

¼ de pé de alface-americana

1 pedaço (5 cm) de pepino

¼ de cenoura

50-80 g de sobras de frango cozido

opcional: ½ pimenta vermelha

1 cebolinha verde

1 colher (sopa) de molho *hoisin*

½ limão taiti

Coloque os noodles em uma tigela pequena, cubra com água fervente e deixe reidratar por 5 minutos, ou até que fiquem macios, escorra e passe sob água fria, escorrendo bem. Quer você use uma tortilha fresca ou congelada, coloque-a no micro-ondas por 30 segundos, ou em uma frigideira seca sobre o fogo, apenas para aquecê-la bem e deixá-la flexível (ela não deve ficar crocante). Coloque a tortilha aberta sobre uma superfície de trabalho limpa, disponha as folhas de alface em linha no centro e cubra com os noodles.

Com uma colher, retire o centro do pepino onde estão as sementes e rale-o no ralador quadrado ou corte-o em palitos usando uma faca afiada. Rale também a cenoura. Acomode o pepino e a cenoura sobre os noodles e cubra com a carne de frango desfiada ou fatiada. Apare a pimenta (se for utilizá-la) e a cebolinha, fatie-as finamente e distribua sobre a carne. Regue com o molho *hoisin*, adicione uma boa espremida de suco de limão taiti, depois enrole a tortilha. Corte ao meio e coma imediatamente ou embrulhe-a em papel-alumínio e conserve na geladeira.

O que eu mais aprecio nesta receita é o seu jeito brilhante de aproveitar as sobras de qualquer vegetal – beterraba, repolho, ervas frescas – o que você tiver na geladeira. Também o frango pode ser substituído por sobras de qualquer outra carne, ou mesmo por camarões cozidos. E, tirando a pimenta, meus filhos sempre adoraram esses wraps.

CANELONE DE FRANGO E ESPINAFRE

SOBRAS

Um dos pratos mais reconfortantes que existem é um canelone quente, delicioso e borbulhante; e esta receita oferece exatamente isso. Ela aproveita sobras de uma maneira muito clara e concisa, custa bem pouco e fica com um visual e um sabor absolutamente incríveis – você irá amar.

Serve 6

Tempo total: 1 hora e 10 minutos

498 calorias

1 cebola

azeite de oliva

500 g de espinafre congelado

2 colheres (sopa) de farinha de trigo

2 colheres (chá) de mostarda inglesa

200 ml de leite semidesnatado

150 g de sobras de frango cozido

½ maço de manjericão (15 g)

60 g de queijo cheddar curado

16 tubos de canelone (massa seca)

2 dentes de alho

1-2 pitadas de pimenta seca em flocos

2 latas (400 g cada) de tomate pelado picado

azeite de oliva extravirgem

Preaqueça o forno a 180°C. Descasque e pique finamente a cebola, coloque-a em uma panela grande com um fio generoso de azeite sobre fogo médio. Refogue por 8 minutos ou até que fique tenra, mexendo regularmente e adicionando uma borrifada de água, se necessário. Junte o espinafre e cozinhe tampado por mais 8 minutos para descongelá-lo, em seguida acrescente a farinha e a mostarda e misture tudo. Adicione gradualmente o leite, sem parar de mexer, por 2 minutos ou até obter um lindo creme verde. Retire do fogo e tempere a gosto. Pique bem a carne de frango cozida e as folhas de manjericão (reserve os talos) e acrescente ao creme. Adicione metade do queijo cheddar ralado e misture bem. Um bom truque para rechear facilmente os tubos de canelone é colocar a mistura em um saco plástico de sanduíche, cortar o canto e espremer o recheio para dentro dos tubos, ou você pode usar uma colher, se preferir. Depois de recheados, acomode os tubos em uma assadeira (aprox. 25 cm x 30 cm) em uma só camada. Lave a panela e coloque-a de volta sobre fogo médio.

Descasque e pique finamente o alho e os talos de manjericão e coloque-os na panela com um fio generoso de azeite para que dourem ligeiramente. Adicione a pimenta em flocos e o tomate, encha uma lata vazia de tomate com água até a metade e despeje na panela, deixe ferver por 2 minutos, tempere a gosto e cubra os canelones. Dê uma sacudida cuidadosa na assadeira para distribuir o molho uniformemente, rale por cima o queijo cheddar restante e asse na prateleira mais baixa do forno por cerca de 30 minutos ou até que fique dourado e borbulhante. Regue com um pouco de azeite extravirgem e sirva.

DESTRINCHANDO UM FRANGO

Saber destrinchar um frango é, de fato, uma habilidade brilhante. Não fique assustado, é supersimples, e você compra um frango inteiro por pouco mais do que pagaria por dois peitos de frango. Além disso, você poderá aproveitar as coxas e as demais partes para preparar muitos outros pratos deliciosos. Por favor, tente – tudo o que você precisa é uma tábua de carne de plástico (acomode-a sobre um pano seco para que fique firme) e uma faca afiada, e você já está pronto para começar.

COMO FAZER

1 Use sua faca de picar para cortar a pele entre o peito e as coxas.

2 Gire a perna do frango para fora da carcaça até o osso soltar da junta.

3 Utilize a ponta da faca para separar a perna do corpo – direcione a ponta da faca para o corpo de modo a retirar o máximo possível de carne junto com a perna.

4 Use a parte mais larga da faca para cortar a junta da asa.

5 Sinta o osso do peito bem no meio da ave, use a parte média da faca para cortar a carne verticalmente seguindo a linha do osso, a fim de separar o peito.

6 Utilize a ponta da faca para cortar entre a carne do peito e a carcaça, posicionando a faca em direção à carcaça, executando o corte em golpes.

7 Faça um corte entre o peito e a carcaça para separar o peito, fazendo um ângulo com a faca em direção à carcaça para garantir que o peito fique com o máximo de carne possível.

8 Repita todas essas etapas do outro lado da ave. Você pode manter as pernas inteiras ou cortá-las ao meio, separando as coxas das sobrecoxas. Para fazer isso, utilize o meio da faca para cortar em um único movimento confiante, através da junta, seguindo a curva natural da perna. Reserve a carcaça para preparar um caldo.

1

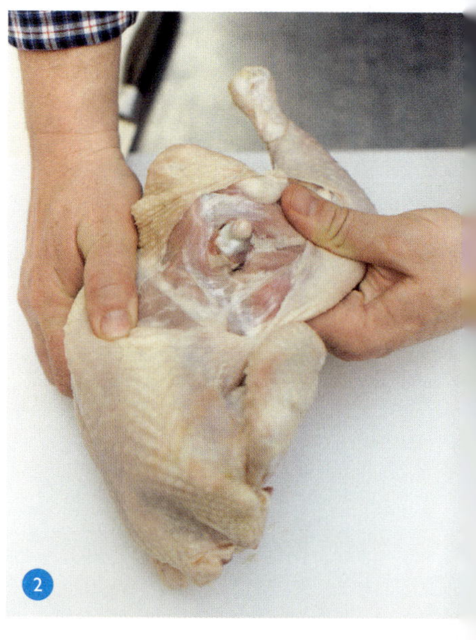

2

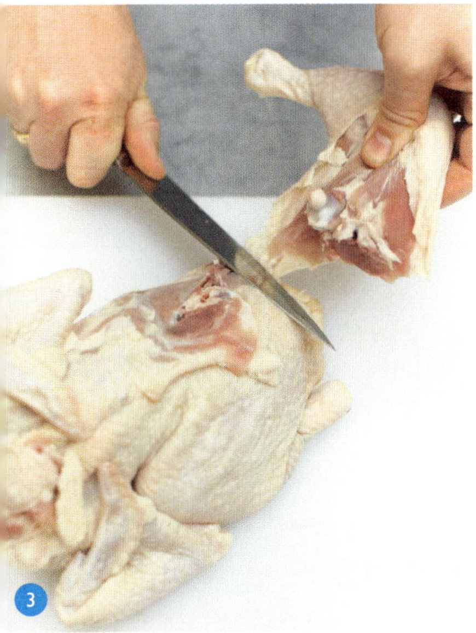
3

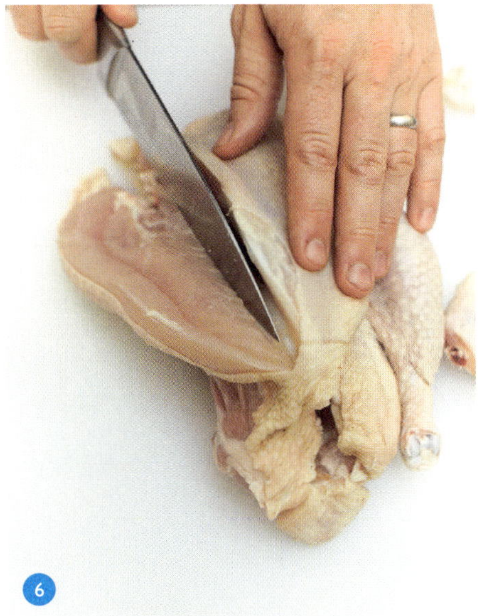
6

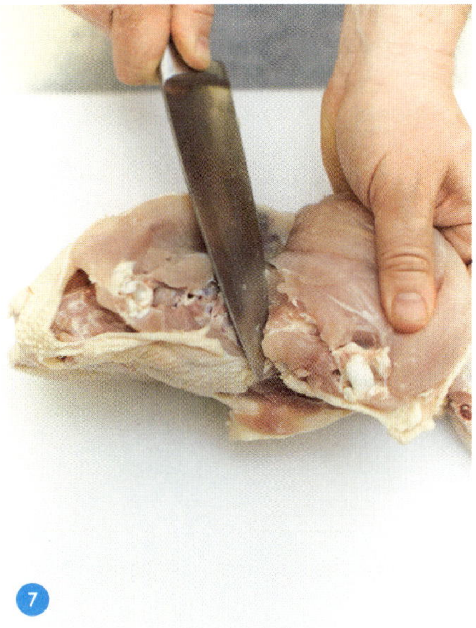
7

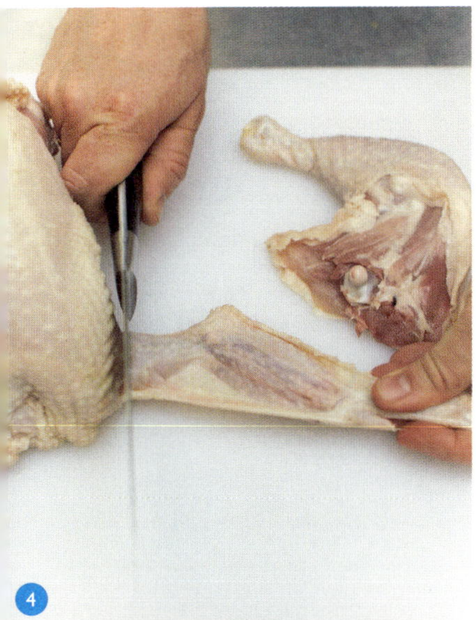
4

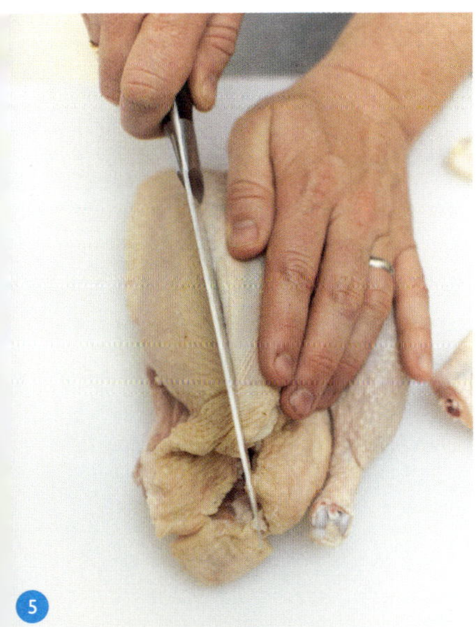
5

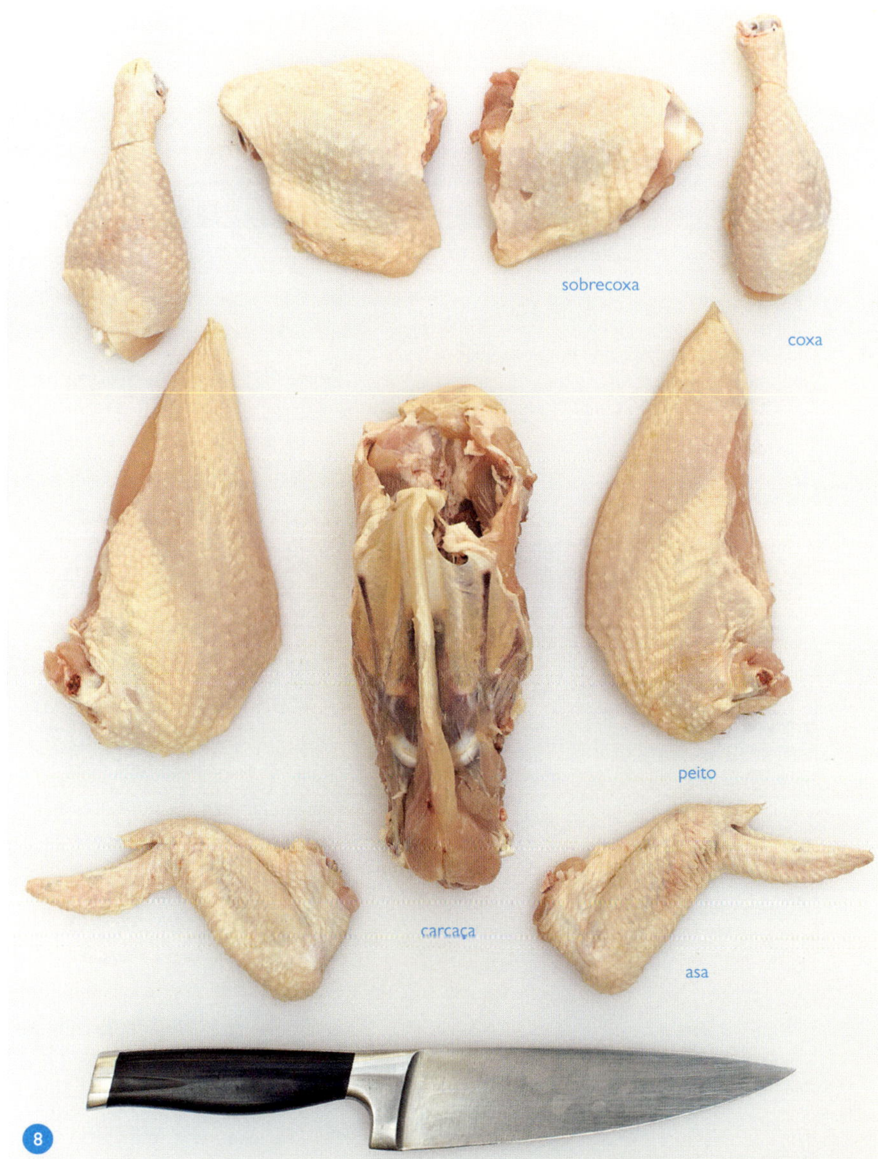
sobrecoxa
coxa
peito
carcaça
asa
8

JFC (JAMIE'S FRIED CHICKEN)

Comprei uma cesta com pedaços de frango para 4 pessoas com dois acompanhamentos e custou mais de £16 (N.T.: Cerca de R$ 60,00), então pensei em criar uma versão caseira que seja saborosa e econômica. Eu dei uma incrementada no frango, escolhi acompanhamentos vegetarianos excitantes, incluindo uma salada tipo coleslaw. Aproveite o JFC.

Serve 4

Tempo total: 1 hora e 35 minutos

893 calorias

800 g de batata-doce

azeite de oliva

2 colheres (sopa) cheias de fubá fino

1 frango inteiro (cerca de 1,8 kg)

1 colher (sopa) cheia de tempero Cajun

4 dentes de alho

2 cenouras

1 maçã

¼ de repolho-branco

1 cebola roxa pequena

1 colher (chá) cheia de mostarda inglesa

2 colheres (sopa) de azeite de oliva extravirgem

1 colher (sopa) de vinagre de vinho branco

3 colheres (sopa) cheias de iogurte natural desnatado

130 g de pão amanhecido ou ciabatta

2 colheres (sopa) cheias de farinha de trigo

4 espigas de milho congeladas

Preaqueça o forno a 190°C. Lave bem as batatas-doces e corte em cunhas. Em uma assadeira, misture a batata-doce, um pouco de azeite, 1 colher (sopa) cheia de fubá e uma pitada de sal e pimenta e reserve. Destrinche o frango (veja página 94 – para esta receita, divida as pernas em coxas e sobrecoxas, como descrito no passo 8), remova e descarte a pele e acomode os pedaços em uma assadeira grande. Acrescente o fubá restante, um fio generoso de azeite e o tempero Cajun, esmague metade do alho por cima com um espremedor e misture tudo para temperar bem o frango. Coloque o frango na prateleira superior do forno e, embaixo dela, a assadeira com a batata-doce e deixe assar por 20 minutos.

Enquanto isso, em um processador de alimentos, rale grosseiramente as cenouras, a maçã, o repolho e a cebola descascada. Transfira para uma tigela e adicione a mostarda, o azeite extravirgem, o vinagre e o iogurte, tempere a gosto, misture bem e reserve. Descasque o alho restante e pique-o no processador de alimentos, acrescente o pão com um fio generoso de azeite e processe até obter farelos finos. Transfira o farelo para uma assadeira. Em uma tigela, misture a farinha com 4 colheres (sopa) de água para criar uma pasta.

Quando o tempo tiver terminado, retire o frango do forno e, cuidadosamente, pincele os pedaços com a pasta de farinha e use um pegador de massa para pressioná-los firmemente contra o farelo de pão até recobri-los por igual. Recoloque os pedaços na mesma assadeira e leve à prateleira mais baixa do forno, vire rapidamente as cunhas de batata-doce e deixe assar por mais 40 minutos ou até que o frango e a batata-doce estejam bem cozidos. Enquanto isso, grelhe o milho congelado em uma frigideira, virando-o ocasionalmente, por cerca de 15 minutos. Leve tudo à mesa e... anime-se!

National
JFC

PAELLA DE FRANGO E CHORIZO

Eu já fiz paella algumas vezes. A maior delas foi para cerca de 800 pessoas em uma vila na Espanha e foi um trabalho bem duro, mas uma experiência incrível. Os espanhóis podem ser rígidos quanto aos ingredientes que compõem uma verdadeira paella, mas ao mesmo tempo o espírito de sua culinária sempre foi flexível o bastante para abraçar qualquer tipo de carne, peixe, frutos do mar ou caça. Espero que você goste desta versão simples e econômica, mas deliciosa.

Serve 4 a 6

Tempo total: 50 minutos

543 calorias

2 dentes de alho

1 cebola

1 cenoura

½ maço de salsa (15 g)

70 g de chorizo

2 sobrecoxas de frango, sem pele e sem osso

azeite de oliva

1 colher (chá) de páprica doce defumada

1 pimentão vermelho

1 colher (sopa) de purê de tomate

1 cubo de caldo de frango

300 g de arroz para paella

100 g de ervilha congelada

200 g de camarão sem casca congelado

1 limão-siciliano

Descasque e fatie finamente o alho. Descasque e pique grosseiramente a cebola e a cenoura. Pique finamente os talos de salsa, depois pique grosseiramente o chorizo e as sobrecoxas de frango. Coloque um fio generoso de azeite em uma caçarola grande rasa com tampa ou em uma panela para paella sobre fogo médio, adicione o alho, a cebola, a cenoura, os talos de salsa, o chorizo, o frango e a páprica e frite por cerca de 5 minutos, mexendo ocasionalmente. Retire as sementes do pimentão, pique-o, junte aos ingredientes na panela e cozinhe por mais 5 minutos.

Acrescente o purê de tomate e o cubo de caldo esmigalhado, misture bem, então adicione o arroz e mexa por 2 minutos, de modo que o arroz absorva todos aqueles sabores adoráveis. Despeje 750 ml de água fervente e tempere com uma pitada de sal e pimenta. Tampe e deixe ferver, depois reduza para fogo baixo por 15 minutos, mexendo regularmente no sentido da borda para o centro e adicionando uma borrifada de água, quando necessário. Junte a ervilha e o camarão, misture, tampe e cozinhe por mais 5 minutos ou até que tudo esteja bem aquecido. Tempere a gosto, pique as folhas de salsa e espalhe sobre a paella. Sirva acompanhada de cunhas de limão-siciliano para espremer por cima.

Minha dica aqui é simples: se você estiver disposto a gastar mais, adicione 6 mexilhões, 6 vôngoles e qualquer pedaço de peixe que puder comprar e sua paella se tornará uma celebração ainda maior.

FRANGO ASSADO ZÁS-TRÁS

Todo mundo precisa de uma receita prática como esta – é o tipo de refeição de emergência para você fazer quando tem pouco tempo para ficar na cozinha. Simplesmente escolha ingredientes que se completam, depois corte, misture e coloque para assar. É super-rápido de preparar, e você deixará o forno fazer todo o serviço.

Serve 4

Tempo total: 1 hora e 10 minutos

340 calorias

4 tomates grandes maduros

2 cebolas roxas

1 pimentão vermelho

1 pimentão amarelo

6 sobrecoxas de frango, sem pele e sem osso

4 dentes de alho

½ maço de tomilho fresco (15 g)

1 colher (chá) de páprica defumada

2 colheres (sopa) de azeite de oliva

2 colheres (sopa) de vinagre balsâmico

Preaqueça o forno a 180°C. Corte os tomates em quatro partes e coloque em uma assadeira grande (aproximadamente 25 cm x 30 cm). Descasque as cebolas e corte-as em cunhas grandes, depois retire as sementes dos pimentões e pique-os em pedaços grandes. Distribua na assadeira a cebola e o pimentão picados e as sobrecoxas de frango.

Utilizando as costas de uma faca, esmague os dentes de alho com a casca e coloque na assadeira. Arranque as folhas dos ramos de tomilho, espalhe-as na assadeira e polvilhe com a páprica. Regue com o azeite e o vinagre balsâmico e tempere com uma boa pitada de sal e pimenta. Misture tudo muito bem, então distribua por igual por toda a assadeira, certificando-se de que o frango não fique coberto pelos vegetais. Asse por cerca de 1 hora ou até que o frango fique dourado e cozido por dentro, virando-o e regando duas vezes com o caldo do cozimento. Eu sirvo este frango com uma adorável salada verde. Você pode também acompanhá-lo de arroz, polenta ou uma fatia de pão crocante para molhar nos sucos do assado.

Assar um dente de alho inteiro com a casca deixa-o realmente doce – não desperdice a adorável polpa macia, esprema-a sobre uma fatia de pão e aproveite!

FRANGO GRUDENTO NOODLES CHINESES

Eu adoro preparar pratos superfáceis como este, que oferecem muito sabor com pouco trabalho. Essa combinação de sabores anglo-chineses – doce, azedo e um pouco do calor da pimenta – é uma brincadeira amigável em que todos saem ganhando. Sinta-se à vontade para usar outros vegetais rasgados ou picados e sementes de gergelim, se quiser.

Serve 4

Tempo total: 45 minutos

608 calorias

4 sobrecoxas de frango, sem pele e sem osso

2 colheres (chá) cheias de tempero cinco--especiarias

azeite de oliva

1 colher (sopa) de mel

227 g de abacaxi em calda

1 colher (sopa) de molho de soja (shoyu) com baixo teor de sódio

1 colher (sopa) de vinagre de vinho branco

1 colher (sopa) cheia de amido de milho

4 ninhos de noodles finos de ovos

1 lata (400 g) de feijão-preto

2 dentes de alho

1 cebola

1 cenoura

1-2 pimentas vermelhas

½ repolho-chinês

opcional: ½ maço de coentro (15 g)

1 limão taiti

Tempere o frango com metade do tempero cinco-especiarias, uma pitada de sal e pimenta, achate-o com o punho e deixe descansar por 15 minutos para que os sabores se intensifiquem.

Quando tiver passado esse tempo, coloque o frango em uma frigideira grande com um pouco de azeite e frite-o por 10 a 12 minutos, ou até que esteja cozido por dentro, virando-o regularmente e regando com o mel durante o último minuto, para glaceá-lo. Transfira o frango para um prato e deixe a frigideira pronta para voltar ao fogo.

Enquanto isso, pique as fatias de abacaxi em cubos de 0,5 cm e coloque--os em uma tigela junto com sua própria calda, o molho de soja, o vinagre e o amido de milho e misture tudo muito bem. Cozinhe os noodles em uma panela com água fervente salgada de acordo com as instruções da embalagem, depois escorra, reservando um pouco da água do cozimento.

Enxágue o feijão, escorra, coloque em uma tigela, dê uma pequena borrifada de azeite e polvilhe o restante do tempero cinco-especiarias. Rapidamente, seque a frigideira do frango, já vazia, com uma bola de toalhas de papel e frite o feijão em fogo alto por cerca de 5 minutos ou até que fique crocante e estourado. Retire o feijão da frigideira, mantenha-o aquecido e retorne a frigideira para o fogo. Descasque o alho, a cebola e a cenoura e fatie--os finamente junto com a pimenta e o repolho; coloque tudo dentro da frigideira vazia e regue com um fio generoso de azeite. Refogue mexendo por apenas 2 minutos, depois acrescente a mistura de abacaxi, os noodles, um pouco da água do cozimento reservada e misture. Prove e tempere a gosto com o molho de soja, se necessário.

Divida os noodles e o feijão crocante entre os pratos. Fatie o frango e acomode-o por cima, espalhe as folhas de coentro (se for utilizá-las) e regue com uma boa espremida de limão taiti. Misture tudo e sirva.

CURRY PUKKA AMARELO

Pukka é uma palavra indiana para designar algo que é autêntico, daí o nome do prato. Não é porque eu sou um garoto arrogante de Essex, nem, como alguns jornalistas não-muito-legais já disseram, por causa do meu irritante "sotaque do estuário" (seja lá o que isso significa). Este curry é delicioso – é nutritivo e tem um visual fenomenal.

Serve 4

Tempo total: 1 hora e 15 minutos

622 calorias

2 cebolas

4 dentes de alho

1 pedaço (5 cm) de gengibre

2 pimentões amarelos

1 cubo de caldo de frango

1-2 pimentas vermelhas

½ maço de coentro (15 g)

1 colher (chá) de mel

1 colher (chá) rasa de cúrcuma

2 colheres (chá) de curry em pó

8 coxas de frango (sem a pele, se preferir)

azeite de oliva

1 lata (400 g) de grão-de-bico

1 colher (chá) de purê de tomate

1 caneca (320 g) de arroz basmati

opcional: iogurte natural desnatado, para servir

1 limão taiti

Descasque as cebolas, o alho e o gengibre e retire as sementes dos pimentões. Coloque 1 cebola, 1 pimentão, o alho e o gengibre no processador de alimentos. Acrescente o cubo de caldo esmigalhado e a pimenta (antes, retire as sementes, caso prefira um curry menos picante), os talos de coentro, o mel e os temperos em pó; em seguida, processe até criar uma pasta.

Acomode uma caçarola grande sobre fogo médio-alto e frite as coxas de frango com uma borrifada de azeite por 10 minutos ou até que fiquem douradas, virando-as de vez em quando com um pegador de massa. Transfira o frango para um prato, mantendo a caçarola sobre o fogo. Pique grosseiramente a cebola e o pimentão restante e coloque na panela para cozinhar por alguns minutos, depois acrescente a pasta e cozinhe por cerca de 5 minutos. Despeje 500 ml de água fervente. Escorra o grão-de-bico e adicione à caçarola, junte o purê de tomate e uma pitada de sal e pimenta, depois mexa bem. Recoloque o frango na caçarola, tampe, reduza para fogo baixo e cozinhe por cerca de 45 minutos ou até que o molho escureça e engrosse.

Quando faltar somente 15 minutos para terminar o cozimento, coloque em uma panela 1 caneca de arroz e 2 canecas de água fervente com uma pitada de sal e cozinhe em fogo baixo por 12 minutos ou até que o líquido tenha sido absorvido. Sirva o curry no centro da mesa com algumas porções de iogurte (se for utilizar) e folhas de coentro, cunhas de limão para espremer por cima e o arroz fofo de acompanhamento.

ASAS DE FRANGO GANGNAM-STYLE

Este prato é ótimo para ser comido com as mãos. Ele é inspirado nos sabores coreanos e chineses e naquela música maluca que os meus filhos amam (eu imagino que, ao batizar um prato com o nome de algo que eles gostam, você tem mais chance de fazer com que eles o comam). De qualquer modo, esta é uma receita consistente que te dará uma carne de frango macia e doce com um lindo glaceado.

Serve 4

Tempo total: 1 hora e 40 minutos

634 calorias

12 asas de frango

2 colheres (chá) cheias de tempero cinco-especiarias

200 g de arroz integral

1 pedaço (5 cm) de gengibre

2 colheres (sopa) de ketchup

1 colher (sopa) de molho de soja (shoyu) com baixo teor de sódio

1 colher (sopa) de mel

1 colher (sopa) de sementes de gergelim

2 dentes de alho

1-2 pimentas vermelhas

2 couves-chinesas

óleo de gergelim

1 ovo grande

Preaqueça o forno a 180°C. Estique as asas de frango, corte a pele do meio delas, depois quebre as articulações, se conseguir, para deixá-las retas (você pode enfiar espetos de madeira nelas para deixá-las assim). Acomode as asas em uma assadeira de tamanho apropriado, polvilhe as cinco-especiarias e uma boa pitada de sal e misture bem. Cubra com papel-alumínio e asse por cerca de 50 minutos ou até que fiquem tenras.

Enquanto isso, cozinhe o arroz, espalhe em uma assadeira e deixe esfriar. Descasque o gengibre, rale-o finamente em uma tigela pequena e misture-o com o ketchup, o molho de soja e o mel. Quando o tempo tiver acabado, remova o papel-alumínio da assadeira, cubra as asas de frango com um pouco do molho e retorne a assadeira ao forno ou coloque-a sob o grill em temperatura média nos últimos 30 minutos, ou até que fiquem douradas e retorcidas. Durante o cozimento, vire as asas, pincelando-as com mais molho a cada 5 a 10 minutos, de modo que elas fiquem besuntadas. Polvilhe as sementes de gergelim depois da última pincelada.

Quando estiverem quase prontas, descasque e fatie o alho com a pimenta e as couve-chinesas, depois coloque tudo em uma frigideira grande sobre fogo médio com um fio de óleo de gergelim. Deixe dourar ligeiramente, mexendo sempre, adicione o arroz e aqueça-o bem. Coloque a assadeira com as asas sobre a chama do fogão, afaste as asas para um lado e despeje 200 ml de água na assadeira. Ferva em fogo baixo por 5 minutos, raspando todas as partes que ficam no fundo da assadeira, escume fora toda a gordura que se acumular na superfície e misture o molho com o arroz. Afaste o arroz para um dos lados da frigideira e quebre um ovo no espaço vazio. Mexa de modo que ele se quebre e comece a cozinhar, em seguida misture o ovo com o arroz. Tempere a gosto e sirva imediatamente com as asas de frango.

SALADA CAESAR MEXICANA

A Caesar é uma salada clássica – um frango simples, folhas crocantes e um molho com personalidade. Esta versão trava um embate com alguns sabores mexicanos e ganha um delicioso molho suave de abacate, que fica com uma cor divina. Acho que ele deixa a salada Caesar mais leve e atraente. Experimente.

Serve 4

Tempo total: 40 minutos

338 calorias

2 peitos de frango (200 g cada) sem pele

1 pitada de pimenta-de-caiena

2 pitadas de orégano seco

azeite de oliva

1 pé de alface-romana

1 pé de alface-americana

8 tomates-cereja maduros

¼ de pepino

1 abacate maduro

40 g de queijo parmesão

½ dente de alho

2 filés de anchova

4 colheres (sopa) de iogurte natural desnatado

1 limão-siciliano

molho inglês

3 colheres (sopa) de azeite de oliva extravirgem

4 tiras de bacon

1 pão integral pequeno, para servir

Sobre uma folha larga de papel-manteiga, tempere o frango com uma pitada de sal, a pimenta-de-caiena, uma pitada de orégano e um pouco de azeite. Dobre o papel por cima e, com um rolo de massa, bata e achate o frango até deixá-lo com 1,5 cm de espessura. Coloque uma frigideira de grelhar sobre fogo alto para aquecer.

Enquanto isso, apare a base das alfaces, destaque as folhas e coloque-as em uma tigela. Corte os tomates ao meio ou em quatro partes e fatie o pepino (eu amo a minha faca ondulada – você deveria ter uma!) e coloque tudo na tigela. Bata a polpa do abacate no liquidificador, acrescente metade do parmesão ralado, o alho descascado, as anchovas, o iogurte, o suco do limão, algumas gotas de molho inglês e o azeite extravirgem. Bata até que fique uniforme e tempere a gosto – se quiser um molho ligeiramente ácido, adicione mais suco de limão.

Grelhe o frango por 3 a 4 minutos de cada lado e o bacon por 2 minutos de cada lado, ou até que fique crocante, e retire do fogo. Adicione metade do molho à tigela da salada, misture bem e transfira para uma bela travessa de servir. Fatie o frango, acomode-o junto com o bacon, por cima da salada, e regue com o restante do molho. Rale por cima o parmesão restante, polvilhe o restante do orégano e sirva com fatias de pão quente crocante.

Se tiver um pouco de hortelã, coentro ou salsa fresca na geladeira, acrescente um punhado de folhas ao seu molho de abacate quando estiver batendo no liquidificador para adicionar mais sabor.

DELICIOSO FÍGADO DE FRANGO À BOLONHESA

Fígado de frango é divino. Você pode comprá-lo no supermercado ou no açougue – ele acrescenta um sabor fantástico a esse delicioso ragu e, com as lentilhas para adicionar um pouco de volume, dará um molho rústico ao estilo bolonhesa. Fica doce, tenro e simplesmente maravilhoso para envolver um espaguete.

Serve 6

Tempo total: 1 hora e 10 minutos

454 calorias

250 g de fígado de frango

1 cebola roxa

1 cenoura

2 dentes de alho

100 g de cogumelos-de-paris

2 ramos de alecrim

1 colher (chá) de sementes de erva-doce

½ colher (chá) de pimenta seca em flocos

opcional: alguns ramos de salsa

2 tiras de bacon

azeite de oliva

1 lata (400 g) de lentilha

2 colheres (sopa) de purê de tomate

3 colheres (sopa) de vinagre balsâmico

1 cubo de caldo de galinha

480 g de espaguete seco

queijo parmesão, para servir

Deixe o fígado de frango em uma tigela com água por alguns minutos. Enquanto isso, descasque a cebola, a cenoura e o alho, então passe-os no processador de alimentos junto com os cogumelos, as folhas de alecrim, as sementes de erva-doce, a pimenta e os talos de salsa (se for utilizá-la) até que fiquem bem picados. Corte o bacon em tirinhas finas e coloque-o em uma panela grande com um fio de azeite sobre fogo médio. Acrescente os ingredientes processados e cozinhe por cerca de 15 minutos ou até que fique macia, mexendo ocasionalmente e adicionando uma borrifada de água para diluir, se necessário.

Escorra o fígado de frango e bata-o no processador de alimentos até que fique finamente picado. Use uma espátula para raspá-lo totalmente do processador e transferi-lo para a panela de vegetais, cozinhe e esmigalhe-o por 2 minutos. Escorra a lentilha e coloque-a na panela, junto com o purê de tomate e o vinagre. Esmigalhe o cubo de caldo dentro da panela, adicione 700 ml de água fervente (se tiver alguma sobra de caldo de galinha, utilize para dar um sabor extra) e cozinhe em fogo baixo por 40 minutos. Quando faltarem 15 minutos, acrescente as folhas de salsa (se for utilizá-la) picadas finamente (reserve uma parte para espalhar por cima na hora de servir). Cozinhe o espaguete em uma panela grande com água salgada de acordo com as instruções da embalagem, escorra e reserve 1 xícara da água do cozimento.

Tempere o molho a gosto, acrescente a massa e misture bem, diluindo com uma borrifada da água do cozimento, se necessário. Polvilhe a salsa picada reservada, rale o parmesão por cima e sirva.

MINHA PENICILINA JUDAICA
TIRAS DE OMELETE

Esta receita é chamada de "penicilina judaica" porque a combinação de caldo, vegetais e noodles é capaz de reerguer qualquer um. Há um monte de variações desta receita, mas esta é a minha favorita. É claro que você pode utilizar legumes da estação ou qualquer coisa congelada que tenha no freezer. E o toque superespecial aqui é o fantástico noodles rústico feito de tiras de omelete – eu aprendi a prepará-las no Japão e elas são realmente um regalo.

Serve 6

Tempo total: 1 hora e 30 minutos

310 calorias

1 cebola

1 cenoura

1 batata

1 alho-poró

azeite de oliva

1 cubo de caldo de galinha

4 sobrecoxas de frango sem pele, com os ossos

100 g de cevadinha

2 ovos grandes

½ repolho-crespo

200 g de brócolis congelado

100 g de noodles finos de arroz

Se você tiver um pouco de salsa na geladeira, pique algumas folhas e adicione à mistura de ovos para dar um sabor perfumado ao seu noodles de omelete.

Descasque e pique grosseiramente a cebola, a cenoura, a batata e o alho-poró e coloque em uma panela grande com um fio de azeite sobre fogo médio. Cozinhe por 15 minutos ou até que fique tenro, mas sem dourar, mexendo ocasionalmente. Acrescente o cubo de caldo esmigalhado, as sobrecoxas de frango, a cevadinha e 2,5 litros de água fervente (aproveite alguma sobra de caldo de galinha, se tiver). Mexa bem e deixe cozinhar tampado em fogo baixo por cerca de 45 minutos.

Enquanto isso, bata os ovos em uma tigela com algumas colheradas de água para diluir. Coloque uma frigideira pequena antiaderente com uma borrifada de azeite sobre fogo médio e faça 3 ou 4 omeletes bem finas, tipo panquecas, sem deixar que dourem. Espere esfriar, enrole-as e corte em fatias.

Apare o repolho e rasgue as folhas, descartando o centro, e acrescente à sopa. Adicione os brócolis e cozinhe em fogo baixo por 5 minutos, enquanto você retira as sobrecoxas de frango, descarta os ossos, desfia a carne e recoloca na panela. Tempere a gosto, adicione os noodles com a panela fora do fogo e sirva 5 minutos depois, quando eles estiverem hidratados. Distribua as tiras de omelete no último minuto, antes de servir – delicioso.

Eu criei esta versão com 4 sobrecoxas de frango, que dão um sabor incrível e podem ser facilmente desfiadas dentro da sopa, mas esta receita também funciona se você utilizar sobras de carne do frango assado do domingo.

CARNE

• RECEITAS DE CARNE •

Todos nós amamos carne, mas, dependendo do corte, o prato pode sair muito caro, por isso neste capítulo vou guiá-lo até alguns cortes saborosos bem mais baratos. Achei muito instigante escrever estas receitas, e espero que elas deem uma boa noção de todas as possibilidades e não apenas dos cortes mais caros e conhecidos. Eu apresento um assado de peito bovino para o jantar que é fenomenal e deixa ótimas sobras para futuras refeições. Também usei uma variedade de outros cortes baratos, incluindo filés secretos que deixarão a sua compra no açougueiro bem mais divertida. É sempre bom comprar carne proveniente de gado alimentado em pastagens, que são animais mais saudáveis e, portanto, fornecem carne mais nutritiva.

A BASE DE TUDO

RECEITAS COM SOBRAS

MAIS RECEITAS

A BASE DE TUDO
ASSADO DE PEITO DO DOMINGO

O peito bovino é um corte maravilhoso com um sabor ótimo, quer você opte por fatias suculentas ou carne desfiada. Você pode comprar um pedaço de 1 kg no supermercado, mas é melhor comprar 2 kg de seu açougueiro e depois preparar coisas incríveis com o que sobrar.

Serve 6, mais as sobras

Tempo total: 4h30 a 5h30

619 calorias

2 kg de peito bovino em um só pedaço

azeite de oliva

2 cebolas grandes

2 colheres (chá) de mostarda inglesa

1 maço de alecrim (30 g)

1,5 kg de batata

500 g de cenoura

1 nabo

1 bolota de manteiga sem sal

140 g de farinha de trigo

1 colher (sopa) de geleia de mirtilo

2 colheres (sopa) de vinagre de vinho tinto

óleo vegetal

2 ovos grandes

100 ml de leite semidesnatado

> Se você não for usar todas as sobras da carne em 2 ou 3 dias, divida-a em porções e congele para preparar refeições no futuro. Descongele na geladeira 24 horas antes de cozinhar.

Preaqueça o forno a 170°C. Coloque uma caçarola grande sobre fogo alto. Tempere o peito bovino com sal e pimenta e doure-o na caçarola quente com um fio de azeite. Desligue o fogo e coloque as fatias de cebola sob a carne. Besunte a lateral de gordura da carne com a mostarda e polvilhe a maior parte das folhas de alecrim. Proteja a carne com um pedaço umedecido de papel-manteiga, tampe a panela com uma camada dupla de papel-alumínio e asse por 4 horas, se quiser uma carne cortada em fatias, ou 5 horas, se preferir a carne desfiada. Na metade do tempo de cozimento, verifique a carne, adicione uma borrifada de água, se necessário, e volte a selar bem com o papel-alumínio.

Enquanto isso, descasque as batatas, cortando as maiores ao meio, e coloque em uma panela com água salgada fervente por 12 minutos. Escorra e transfira para uma assadeira com um fio de azeite, uma pitada de sal e pimenta e o restante das folhas de alecrim e mexa bem. Coloque a assadeira na prateleira embaixo da caçarola durante a última 1h30. Descasque e pique grosseiramente as cenouras e o nabo. Cozinhe em uma panela com água salgada fervente por 20 minutos, ou até que fiquem tenros, e escorra. Recoloque a cenoura e o nabo na panela, amasse-os com a manteiga, tempere a gosto e mantenha aquecido.

Retire a carne e a batata do forno, transfira a carne para uma tábua e cubra, e aumente o forno para a temperatura máxima. Coloque a caçarola sobre fogo médio e junte 2 colheres (sopa) de farinha, mexendo. Adicione a geleia, o vinagre e 400 ml de água fervente da carne e cozinhe em fogo baixo até chegar à consistência desejada. Enquanto isso, coloque no forno uma fôrma de pãezinhos com um pouco de óleo vegetal em cada buraco. Misture em uma jarra 100 g de farinha, uma pitada de sal e os ovos e bata bem, depois adicione gradualmente o leite até obter uma massa macia. Retire a fôrma do forno, encha rapidamente ¾ de cada cavidade com massa e retorne ao forno por 10 minutos ou até dourar e estufar. Divida a carne ao meio, reservando metade para congelar. Sirva com legumes.

RENDANG DE CARNE

SOBRAS

O *rendang* é um cozido encorpado da Indonésia, tido como um dos pratos mais saborosos do mundo. Seu preparo exige horas, mexendo e vigiando com cuidado, mas é claro que, se você utilizar sobras de um peito bovino assado, ele poderá ser feito em um tempo bem mais curto, ficando igualmente tenro e com um belo resultado.

Serve 6

Tempo total: 40 minutos

563 calorias

2 cebolas

2 pedaços (5 cm cada) de gengibre

4 dentes de alho

1 maço de coentro (30 g)

1-2 pimentas vermelhas

1 colher (chá) de cúrcuma

½ colher (chá) de canela em pó

azeite de oliva

450 g de sobras de peito bovino assado

400 ml de leite de coco light

opcional: sobra de caldo de carne

480 g de arroz basmati

chapatis, para servir

1 limão taiti, para servir

iogurte natural desnatado, para servir

Descasque as cebolas, o gengibre e o alho, coloque tudo no processador de alimentos, adicione os talos de coentro, a pimenta, a cúrcuma e a canela e processe até obter uma pasta. Coloque um fio generoso de azeite em uma frigideira grande sobre fogo baixo, junte a pasta que acabou de bater e frite por cerca de 15 minutos ou até que fique ligeiramente dourada, mexendo ocasionalmente.

Pique ou desfie grosseiramente a carne de peito assada e acrescente à frigideira, mexendo, em seguida adicione o leite de coco, coloque 200 ml de água no vidro do leite de coco, chacoalhe e despeje na frigideira (se você tiver alguma sobra de caldo de carne pode adicionar aqui também) com uma pitada de sal e pimenta. Deixe ferver, depois reduza para fogo mínimo por mais 10 a 15 minutos ou até que fique espesso, mexendo ocasionalmente. Enquanto isso, cozinhe o arroz de acordo com as instruções da embalagem com uma pitada de sal. Aqueça os *chapatis* em uma panela seca ou no forno de micro-ondas (eles devem permanecer flexíveis).

Rale finamente as raspas de limão taiti dentro da frigideira e adicione o suco de ½ limão; corte a outra metade do limão em cunhas. Tempere o *rendang* a gosto e sirva com folhas de coentro, arroz fofo, cunhas de limão taiti, o iogurte e os *chapatis* para acompanhar. Absolutamente divino.

Você pode usar *chapatis* comprados, mas, se quiser preparar os seus, confira a receita simples da página 58.

TAGINE DE PEITO BOVINO

SOBRAS

Um *tagine* rico e bem temperado é um dos melhores cozidos que existem, e servido com cuscuz marroquino vira uma prazer completo. O incrível desta receita é que ela usa as sobras do peito bovino assado e o envolve com sabores que realmente não podem dar errado, criando um prato cheio de aroma, doçura e excitação.

Serve 6

Tempo total: 1 hora

485 calorias

2 cebolas roxas

50 g de azeitona

75 g de damasco seco

2 dentes de alho

azeite de oliva

1 colher (sopa) de *garam masala*

2 colheres (chá) de cominho

½ colher (chá) de pimenta seca em flocos

2 batatas

2 tomates grandes maduros

1 lata (400 g) de grão-de-bico

400 g de sobras de peito assado

1 cubo de caldo de carne

opcional: sobras de caldo de carne

250 g de cuscuz marroquino

1 laranja

2 cenouras

½ maço de hortelã (15 g)

azeite de oliva extravirgem

opcional: vinagre balsâmico

iogurte natural desnatado, para servir

Descasque as cebolas, retire o caroço das azeitonas e pique junto com os damascos. Descasque e pique finamente o alho, em seguida coloque tudo em uma caçarola sobre fogo médio com um fio de azeite, adicione o *garam masala,* o cominho e a pimenta. Cozinhe por cerca de 15 minutos ou até que a cebola fique tenra, mexendo regularmente e acrescentando borrifadas de água para diluir, se necessário.

Pique grosseiramente as batatas (com a casca) e os tomates e coloque na panela junto com o grão-de-bico (com o líquido da conserva). Corte a carne em pedaços de 2,5 cm e adicione, juntando o cubo de caldo esmigalhado e 250 ml de água fervente (se tiver sobra de caldo de carne, acrescente – isso dará um sabor profundo). Deixe ferver, depois reduza o fogo e cozinhe tampado por 20 a 25 minutos ou até que a batata esteja cozida, adicionando borrifadas de água para diluir, se necessário.

Enquanto isso, coloque o cuscuz em uma tigela com água fervente, tampe com um prato e deixe descansar por 10 minutos. Corte o topo e o fundo da laranja, descasque-a e corte em gomos sobre uma tábua (reserve o suco). Descasque e rale as cenouras, destaque as folhas de hortelã e misture tudo sobre uma tábua, juntando o suco reservado da laranja. Adicione um fio de azeite extravirgem e uma pitada de sal e pimenta e misture bem. Afofe o cuscuz, tempere a gosto e transfira-o para uma travessa larga. Tempere o *tagine* (às vezes, eu adiciono uma borrifada de vinagre balsâmico) e espalhe-o com uma colher sobre o cuscuz. Regue com o iogurte e faça um monte no centro com a salada de cenoura ralada, hortelã e laranja.

Se você tiver *ras el hanout* em sua despensa, use-o no lugar do *garam masala* para dar mais autenticidade à receita.

SALADA DE CARNE DESFIADA CROÛTONS VIGOROSOS

SOBRAS

Eu amo uma salada simples e confiante – folhas leves e crocantes, croûtons saborosos e, muito importante, um molho de queijo azul vigoroso mas sutil que fará com que essa pequena quantidade de sobras de carne se transforme em algo inesquecível. Para variar, coloque a salada dentro de um wrap ou um pão pita e ela ficará ainda mais linda.

Serve 6

Tempo total: 30 minutos

427 calorias

70 g de queijo azul (roquefort ou gorgonzola)

5 colheres (sopa) de azeite de oliva

3 colheres (sopa) de vinagre de maçã ou de vinho branco

3 colheres (chá) de mostarda com sementes

1 baguete francesa

opcional: sobra de caldo de carne

2 pés de alface lisa

½ maço de hortelã (15 g)

2 maçãs ou 2 peras (ou 1 de cada)

250 g de sobras de peito bovino assado

1 pimenta vermelha

Preaqueça o forno a 180°C. Esmigalhe o queijo azul dentro do liquidificador e adicione o azeite, o vinagre, a mostarda e uma pitada de pimenta. Processe até ficar uniforme, depois dilua com uma boa borrifada de água, se necessário – o molho deve ficar espesso o suficiente para recobrir as costas de uma colher.

Rasgue o pão grosseiramente em nacos de 2,5 cm e espalhe em uma assadeira grande. Regue com ⅓ do molho de queijo azul (se você tiver alguma sobra do caldo de carne do assado de peito bovino, espalhe 2 colheradas sobre os croûtons para dar um sabor extra), em seguida asse-os em uma única camada por 10 a 15 minutos ou até que fiquem dourados e crocantes, virando-os na metade do tempo de cozimento.

Destaque as folhas de alface, coloque-as em uma tigela grande e acrescente as folhas de hortelã. Corte as maçãs ou peras em palitos grossos (eu amo a minha faca ondulada – você deveria ter uma!) e junte à salada. Coloque uma panela grande sobre fogo alto, adicione a carne desfiada, frite a seco por 2 minutos para aquecê-la bem e passe para a salada. Regue com o molho de queijo restante e misture tudo. Transfira para uma travessa larga ou divida em porções individuais nos pratos de servir, espalhe os croûtons, fatie finamente a pimenta, distribua por cima e sirva.

Se você quiser criar um molho ainda mais cremoso, troque 2 colheres (sopa) de azeite de oliva por 2 colheres (sopa) de iogurte natural desnatado. Qualquer sobra de abacate ficará deliciosa picada e adicionada à salada.

SOBRAS

COZIDO SIMPLES DE PEITO – 4 MODOS

Este é um cozido de peito bovino supersaboroso, preparado das minhas quatro maneiras preferidas – escolha a sua e aproveite!

Descasque e pique 2 cebolas e 4 cenouras e coloque em uma panela com um fio de azeite de oliva sobre fogo baixo. Destaque e pique as folhas de 2 ramos de alecrim e acrescente junto com 2 folhas de louro. Cozinhe por cerca de 15 minutos com a panela semitampada ou até que os vegetais fiquem tenros. Adicione 1 colher (sopa) cheia de farinha de trigo e mexa bem, depois 1 colher (sopa) de purê de tomate, 1 colher (sopa) de mostarda com sementes e 1 colher (sopa) de molho inglês. Junte 1 cubo de caldo de carne esmigalhado e despeje 600 ml de água fervente. Acrescente 100 g de cevadinha, 250 g de cogumelos-de-paris frescos cortados ao meio e 300 g de sobras de peito bovino assado fatiado. Misture tudo e deixe cozinhar em fogo baixo por cerca de 1 hora ou até que a cevadinha esteja cozida e o molho fique escuro e encorpado.

COZIDO DE PEITO BOVINO E YORKIES

714 calorias

Serve 6

Tempo total: 1 hora e 30 minutos, incluindo o cozido

Preaqueça o forno a 250°C. Coloque uma fôrma de pãezinhos no forno com um pouco de óleo vegetal em cada buraco, para aquecer. Em uma jarra, misture 200 g de farinha de trigo com uma pitada de sal, bata 4 ovos grandes, depois adicione gradualmente 200 ml de leite semidesnatado até obter uma massa homogênea. Retire a fôrma do forno e encha ¾ de cada cavidade com a massa. Retorne ao forno para assar por 25 minutos ou até que os *yorkies* fiquem dourados e estufados. Sirva com o cozido quente.

COZIDO DE PEITO BOVINO COM BATATA

596 calorias

Serve 6

Tempo total: 1 hora e 40 minutos, incluindo o cozido

Preaqueça o forno a 190°C. Enquanto o cozido estiver cozinhando em fogo baixo, corte 450 g de batata em rodelas de 3 mm de espessura, usando faca ou fatiador de legumes. Retire o cozido do fogo 30 minutos antes de terminar o tempo de cozimento, tempere a gosto e transfira para uma travessa refratária. Arrume as fatias de batata em leque sobre a carne, regue com um pouco de azeite de oliva, tempere com uma pitada de sal e pimenta e asse por 40 minutos ou até que a batata fique dourada, crocante e cozida por dentro.

COZIDO DE PEITO BOVINO E BATATA ASSADA

719 calorias

Serve 6

Tempo total: 1 hora e 30 minutos, incluindo o cozido

Preaqueça o forno a 190°C. Lave 6 batatas grandes e fure-as com um garfo. Tempere-as levemente com sal e pimenta e asse por cerca de 1 hora ou até que fiquem crocantes por fora e macias por dentro. Faça um corte em cruz no topo das batatas, dê uma espremida na base para abri-las e sirva ao lado do cozido.

TORTA DE PEITO BOVINO COM MASSA FOLHADA

893 calorias

Serve 6

Tempo total: 2 horas e 10 minutos, incluindo o cozido

Preaqueca o forno a 190°C. Transfira o cozido para uma assadeira e pincele as laterais com 1 ovo batido com um pouco de água. Sobre uma superfície polvilhada com farinha, abra 300 g de massa folhada, depois coloque-a sobre a assadeira, cobrindo o cozido. Aperte as laterais da massa para selar, faça um corte em formato de cruz no centro, pincele com o restante do ovo batido e asse por 30 minutos ou até dourar.

COW
PIE

SOPA COM CARNE E NOODLES

SOBRAS

Você certamente vai amar esta sopa com noodles e carne – é nutritiva, cheia de coisas boas e é uma maneira saudável de aproveitar vegetais junto com a sobra de sua carne de peito assada. Esta receita funciona bem tanto com sobras de carne em fatias, como eu faço aqui, quanto com carne desfiada. Deliciosa!

Serve 4

Tempo total: 50 minutos

507 calorias

2 pedaços (5 cm cada) de gengibre

4 dentes de alho

1-2 pimentas vermelhas

azeite de oliva

opcional: 2 anises-estrelados

½ maço de coentro (15 g)

2 cubos de caldo de carne

320 g de noodles de arroz médio

300 g de sobras de carne de peito assada

2 colheres (sopa) de molho barbecue

1 repolho-chinês

100 g de brócolis congelados

50 g de ervilha congelada

50 g de brotos de feijão

opcional: molho de soja (shoyu) com baixo teor de sódio

2 cebolinhas verdes

1 limão taiti

Descasque, quebre e esmigalhe o gengibre, o alho com casca e 1 pimenta sobre uma tábua de cortar usando um rolo de massa. Coloque-os dentro de uma panela grande com um fio de azeite sobre fogo baixo por cerca de 15 minutos ou até que dourem, mexendo regularmente. Retire a panela do fogo, cuidadosamente coloque o gengibre e a pimenta em uma tábua de cortar e fatie-os finamente; esprema os dentes de alho para fora da casca. Retorne tudo para a panela, adicione os anises-estrelados (se for utilizar), fatie os talos de coentro e acrescente também. Leve a panela de volta ao fogo, junte os cubos de caldo esmigalhados, despeje 2 litros de água, espere ferver, reduza para fogo baixo e deixe cozinhar por 30 minutos.

Enquanto isso, coloque os noodles em uma tigela, cubra-os com água fervente e deixe descansar por 15 minutos, ou até que fiquem tenros, mexendo-os de vez em quando com um pegador de massa para separá-los. Passe os noodles sob água fria, escorra e reserve. Fatie ou desfie grosseiramente a carne, esfregue-a com metade do molho barbecue e reserve. Apare a base do repolho-chinês, fatie finamente ¼ do repolho e destaque o restante das folhas. Quando completar o tempo de cozimento do caldo, coloque uma frigideira de grelhar sobre fogo alto. Assim que estiver bem quente, grelhe a carne, virando-a quando estiver com marcas da grelha, e pincele algumas vezes com o restante do molho barbecue. Enquanto isso, adicione os brócolis ao caldo por 1 a 2 minutos, depois coloque o repolho-chinês fatiado, a ervilha, os noodles e os brotos de feijão por mais 2 minutos, em seguida tempere o caldo a gosto com molho de soja, se necessário.

Divida os noodles, o caldo com os vegetais e as folhas cruas de repolho-chinês entre quatro tigelas e cubra com a carne. Apare e fatie finamente as cebolinhas e mais pimenta vermelha, se quiser, depois espalhe-as sobre as tigelas. Distribua as folhas de coentro. Sirva com cunhas de limão para espremer por cima.

ARROZ COREANO FRITO

SOBRAS

Quando fui à Coreia todo mundo comia um prato popular chamado *bibimbap*. Basicamente são colocados sobre a mesa verduras, arroz, ovos, condimentos, molhos e picles, e cada um combina os ingredientes no prato a seu gosto. Eu usei essa inspiração neste prato de carne e arroz frito. Se você tiver sorte, ficará com arroz crocante nas beiradas e arroz macio no centro do prato. Sirva com molho de pimenta, se quiser que fique ainda mais picante.

Serve 4

Tempo total: 40 minutos

589 calorias

1 caneca (320 g) de arroz basmati branco ou integral

200 g de sobras de carne de peito assada

2 colheres (sopa) de molho barbecue

2 colheres (sopa) de molho de pimenta

molho de soja (shoyu) com baixo teor de sódio

2 colheres (sopa) de sementes de gergelim

2 dentes de alho

1 pimenta vermelha

150 g de cogumelos-de-paris

óleo de gergelim

½ repolho-crespo

5 ovos grandes

Cozinhe o arroz de acordo com as instruções da embalagem em uma panela grande com uma pitada de sal. Enquanto isso, desfie grosseiramente a carne e misture-a em uma tigela com o molho barbecue, o molho de pimenta e 1 colher (sopa) de molho de soja. Reserve.

Toste as sementes de gergelim em uma panela larga rasa sobre fogo médio por 1 minuto, retire as sementes e reserve. Cerca de 5 minutos antes de o arroz ficar pronto, descasque o alho, fatie-o finamente junto com a pimenta e coloque-os em uma panela grande, adicione os cogumelos e 2 colheres (sopa) de óleo de gergelim para fritar por 1 minuto. Acrescente a carne e a marinada à panela para glacear enquanto você desfaz o repolho (descarte o centro e separe as folhas). Quando a carne estiver grudenta e dourada, junte o repolho à panela e cozinhe por 4 a 5 minutos ou até que fique cozido, mexendo ocasionalmente.

Escorra o arroz e adicione à panela com um pouco de molho de soja, acrescente 1 ovo e mexa muito bem. Reduza o fogo e pressione o arroz nas laterais para criar alguns pedaços mais crocantes enquanto você prepara os ovos poché – lave a panela em que você cozinhou o arroz, coloque água em fervura baixa e quebre os 4 ovos restantes um a um, cozinhando-os por 2 a 4 minutos, dependendo do ponto preferido. Sirva o arroz na panela com os ovos poché por cima. Abra os ovos, espalhe por cima as sementes de gergelim tostadas e regue com mais um pouco de molho de pimenta, se tiver coragem.

PO'BOY DE PEITO BOVINO

SOBRAS

O *po'boy* tem potencial para ser o melhor sanduíche do mundo. Recheado com qualquer coisa, de camarões crocantes a, como neste caso, carne suculenta em um caldo delicioso que combina superbem com o picles e a mostarda, este é um sanduíche que nos traz à lembrança a boa e velha Louisiana, nos Estados Unidos. Na verdade, o *po'boy* é tão bom que me dá água na boca só de pensar. Experimente esta receita e você não se arrependerá.

Serve 4

Tempo total: 15 minutos

411 calorias

100 ml de sobras de caldo de carne

300 g de sobras de carne de peito assado

1 pão ciabatta

2 pepinos em conserva

4 cebolas em conserva

1 pimenta vermelha

¼ de alface-americana

opcional: 1 caixinha de miniagrião

1 colher (sopa) de mostarda inglesa

Preaqueça o forno a 180°C. Aqueça o caldo de carne que sobrou da receita de peito bovino assado em uma panela ou em uma assadeira sobre fogo baixo, com água fervente suficiente para diluí-lo, mexendo ocasionalmente. Fatie ou desfie a carne e coloque-a no caldo por alguns minutos. Enquanto isso, leve o pão ciabatta ao forno por 5 minutos para aquecê-lo.

Quando o pão estiver quente, corte-o no sentido do comprimento e espalhe sobre a metade inferior a carne e a quantidade de caldo que quiser. Fatie o pepino, a cebola e a pimenta e acomode-os sobre a carne. Rasgue a alface e o miniagrião e empilhe-os por cima de tudo para dar um toque crocante, espalhe a mostarda na metade superior do ciabatta. Feche o sanduíche, corte-o em quatro partes e deguste-o. Sinta-se à vontade para molhar o seu sanduíche com mais caldo de carne, se você quiser – não ficará bonito nem glamouroso, e o caldo escorrerá por suas mãos, mas você se sentirá muito feliz. Eu gosto de encontrar um canto silencioso, coloco uma toalha cobrindo a minha cabeça para me esconder e mando ver.

Este sanduíche funciona com qualquer tipo de sobra de carne e, é claro, pode ser preparado com pãezinhos individuais, se você preferir.

CONHEÇA O SEU... AÇOUGUEIRO

Faça questão de encontrar um bom açougueiro próximo de sua casa e conhecê-lo pelo primeiro nome – esse é um investimento para toda a vida. Se você for um comprador fiel e contar-lhe que possui somente certa quantidade de dinheiro para alimentar determinado número de pessoas, tenho certeza de que ele irá ajudá-lo a comprar bem, cozinhar melhor e desperdiçar menos. Os supermercados podem ser muito convenientes, mas é difícil para qualquer um deles competir com um apaixonado açougueiro local. Entretanto, acho justo dizer que alguns são melhores que outros, de modo que meu amigo e mestre dos açougueiros John Stenton me deu alguns conselhos de como identificar um ótimo açougueiro. Siga estas dicas:

1 Bons açougueiros se orgulham de suas vitrines – a carne deve ser mantida resfriada e não pode permanecer largada em poças de sangue.

2 Os açougueiros devem saber exatamente de onde vem cada peça de carne, as raças dos animais e as maneiras como eles foram criados, portanto, por favor, sempre faça essas perguntas a eles.

3 A carne no açougue deve ser do seu próprio país e, preferencialmente, de fazendas da região.

4 Uma grande referência é perguntar sobre linguiças! Bons açougueiros se orgulham de fabricar suas próprias linguiças e se deliciarão em contar a você o que há dentro delas e quando foram produzidas. Elas devem ter sido fabricadas nas últimas 24 horas, ou no mesmo dia, devem ter uma grande quantidade de carne e usar envoltórios (tripas) naturais. Não há problema em fazer todas essas perguntas.

5 Os açougueiros devem moer a carne na hora, conforme o seu pedido, de modo que você saiba o que está lá dentro e possa levar a quantidade que quiser.

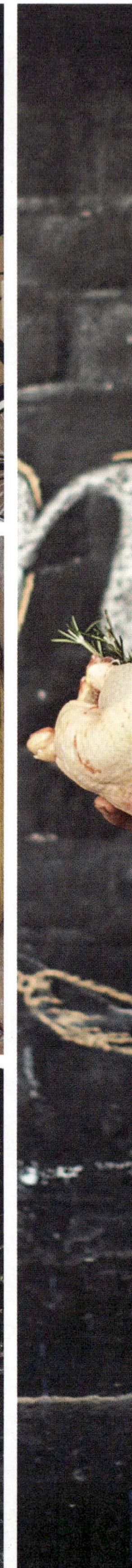

Stenton Family Butchers, 55 Aldensley Road, Hammersmith, London, W6 0DH

CHILLI MEXICANO DE CARNE

Eu absolutamente adoro preparar pratos como este com um belo pedaço de carne no osso, e a canela é preciosa. A carne fica tenra e o tutano do osso oferece um molho de sabor intenso. Isso irá redefinir completamente o que você pensa que é um bom chilli, e também poderá virar uma comida incrível para jantares com amigos.

Serve 8

Tempo total: 5 horas e 30 minutos

327 calorias

2 cebolas roxas

4 dentes de alho

2 pimentas vermelhas

1 maço de coentro (30 g)

azeite de oliva

2 colheres (chá) de cominho

2 colheres (chá) de páprica defumada

2 colheres (chá) de canela em pó

2 folhas de louro

2 latas (400 g cada) de tomate pelado picado

1 kg de canela bovina, com o osso, tendões removidos

1 lata (400 g) de feijão-branco

1 pimentão verde

4 cebolinhas verdes

150 g de tomate-cereja

azeite de oliva extravirgem

vinagre de vinho branco

opcional: iogurte natural desnatado, para servir

Preaqueça o forno a 170°C. Descasque as cebolas e o alho, pique-os finamente junto com a pimenta e os talos de coentro e coloque tudo em uma caçarola grande com um fio de azeite sobre fogo médio. Acrescente os temperos em pó e as folhas de louro e cozinhe por 15 minutos, mexendo regularmente e adicionando uma borrifada de água para não grudar, se necessário.

Acrescente à caçarola o tomate e duas latas (do tomate) cheias de água e deixe ferver enquanto você esfrega toda a carne com sal, pimenta e azeite. Coloque a carne no molho de tomate, tampe a caçarola e leve ao forno para cozinhar por 5 horas, mexendo na metade do tempo de cozimento e adicionando uma borrifada de água para afinar, se necessário. Cerca de 20 minutos antes de terminar o cozimento, escorra o feijão e acrescente à caçarola, mexendo e adicionando uma borrifada do líquido da conserva se o chilli parecer muito seco.

Enquanto isso, retire as sementes do pimentão e apare os talos de cebolinha verde, então pique-os junto com os tomates-cereja e a maior parte das folhas de coentro. Tempere a gosto e misture com um fio de azeite extravirgem e um pouco de vinagre para criar uma salsa rápida. Quando a carne estiver se desmanchando e o chilli estiver espesso, retire o tutano de dentro do osso e misture-o com a carne. Tempere a gosto de novo, se necessário, espalhe as folhas de coentro restantes e sirva com a salsa preparada e uma porção de iogurte, se quiser. Fica delicioso com milho grelhado e batata-doce assada de acompanhamento.

TORTA DE CEBOLA E CARNE COM MASSA DE CREAM CHEESE

Muitas gerações de britânicos foram criadas com tortas como esta. Eu não queria me distanciar muito da tradição, de modo que mantive este prato despretensioso, mas lindo – o foco é um recheio simples e uma massa muito boa. Sirva com purê de batata e legumes da estação cozidos no vapor, e pode ter certeza de que tudo ficará bem...

Serve 6

Tempo total: 1 hora e 40 minutos

628 calorias

600 g de carne bovina moída

azeite de oliva

3 cebolas roxas grandes

8 ramos de tomilho

225 g de farinha de trigo, mais um pouco para polvilhar

1 colher (chá) cheia de mostarda inglesa

1 colher (sopa) de purê de tomate

2 colheres (sopa) de vinagre balsâmico ou de vinho tinto

1 cubo de caldo de carne

100 g de manteiga sem sal

uma boa pitada de pimenta-de-caiena

100 g de cream cheese

1 ovo grande

Coloque uma panela grande sobre fogo médio-alto e adicione a carne e um fio de azeite. Frite a carne soltando-a com uma colher de pau por cerca de 15 minutos ou até que todo o líquido tenha evaporado. Descasque e pique grosseiramente as cebolas e acrescente à carne junto com as folhas de tomilho. Cozinhe por mais 10 minutos ou até que a cebola esteja tenra e começando a dourar. Junte 1 colher (sopa) cheia de farinha e misture bem, em seguida adicione a mostarda, o purê de tomate e o vinagre. Acrescente o cubo de caldo esmigalhado, despeje 650 ml de água fervente e cozinhe em fogo baixo por 30 minutos ou até que esteja espesso, mexendo ocasionalmente. Tempere a gosto.

Enquanto isso, coloque 200 g de farinha, a manteiga, a pimenta-de-caiena e o cream cheese no processador de alimentos e bata até que comece a ficar uniforme. Transfira para uma superfície de trabalho polvilhada com farinha e dê umas batidas na massa para dar liga – tente não trabalhar exageradamente a massa, senão ela ficará borrachuda em vez de se desfazer adoravelmente na boca. Embrulhe a massa com filme plástico e deixe descansar na geladeira até o momento de usar.

Preaqueça o forno a 180°C. Quando o recheio da torta estiver pronto, transfira-o para uma travessa de tortas (25 cm de diâmetro). Sobre uma superfície polvilhada com farinha, abra a massa de modo que fique ligeiramente maior que a travessa. Bata o ovo e pincele as bordas da travessa. Enrole a massa em um rolo, depois desenrole-a sobre a torta. Apare o excesso de massa em toda a volta e aperte as bordas para selar a torta (use sobras de massa para decorar a superfície, se quiser). Pincele a massa com o restante do ovo misturado com um pouco de água e asse por cerca de 30 minutos na prateleira central do forno (45 minutos, se a massa estiver gelada) ou até que esteja lindamente dourada. Sirva com legumes da estação.

ALMÔNDEGAS À NORMA

A polenta na Itália é como o purê de batata na Inglaterra. Preparada corretamente e enriquecida com queijo parmesão, ela combina muito bem com as saborosas e crocantes almôndegas e este molho siciliano inspirado no estilo Norma. Esta receita é divertida de fazer e você terá uma comida reconfortante – eu espero que vire parte de seu repertório.

Serve 4

Tempo total: 1 hora

559 calorias

1 berinjela grande

½ maço de salsa (15 g)

400 g de carne moída

1 colher (sopa) de sementes de erva-doce

azeite de oliva

1 dente de alho

2 colheres (sopa) de molho de pimenta-doce

2 colheres (sopa) de vinagre balsâmico

1 lata (400 g) de tomate pelado picado

200 g de polenta de cozimento rápido

1 bolota de manteiga sem sal

30 g de queijo parmesão

Corte a berinjela em cubos, tempere bem com sal e deixe descansar por 15 minutos. Enquanto isso, pique finamente a salsa (reserve algumas folhas para decorar) e coloque em uma tigela junto com a carne. Misture e amasse com as mãos, divida em 20 partes iguais e enrole em bolinhas. Espalhe as sementes de erva-doce em um prato e role as almôndegas por cima para que as sementes grudem na carne, depois leve-as à geladeira para que fiquem firmes.

Pegue punhados da berinjela, esprema bem para eliminar o excesso de líquido e coloque em uma panela com um fio de azeite em fogo médio para cozinhar por 10 minutos ou até que doure, mexendo ocasionalmente. Passe o alho pelo espremedor sobre a berinjela. Acrescente o molho de pimenta, o vinagre balsâmico, o tomate picado e uma borrifada de água. Cozinhe em fogo baixo por cerca de 10 minutos ou até que fique consistente.

Enquanto isso, aqueça um fio de azeite em uma panela sobre fogo médio e frite as almôndegas por cerca de 10 minutos ou até que dourem e fiquem cozidas por dentro. Cozinhe a polenta de acordo com as instruções da embalagem até obter uma boa consistência, adicionando a manteiga e uma ralada de queijo parmesão no final. Tempere o molho de berinjela a gosto, depois misture com as almôndegas e sirva sobre a polenta, com as folhas de salsa reservadas e mais um pouco de queijo parmesão ralado, se quiser.

CARNE COM TOFU À CHINESA

Este é o jeito mais fantástico de usar tofu com carne – ambos são maravilhosas fontes de proteína –, a fim de criar um molho chinês delicioso com textura similar ao molho à bolonhesa. Servido com arroz, um fio de molho de pimenta e ervilha para dar um toque adocicado, este prato é um dos meus favoritos.

Serve 6

Tempo total: 50 minutos

465 calorias

azeite de oliva

200 g de carne moída

1 colher (chá) de tempero chinês cinco--especiarias

3 dentes de alho

1 pedaço (5 cm) de gengibre

1 cubo de caldo de carne

1 colher (sopa) cheia de amido de milho

150 ml de molho de feijão-preto

molho de pimenta

molho de soja (shoyu) com baixo teor de sódio

480 g de arroz basmati

350 g de tofu macio

200 g de ervilha congelada

2 cebolinhas verdes

1 pimenta vermelha

opcional: 4 ramos de coentro

1 limão taiti

Coloque em uma panela grande um fio generoso de azeite, a carne, o tempero cinco-especiarias e uma pitada de sal e pimenta, leve ao fogo médio e frite por cerca de 15 minutos ou até que todo o líquido tenha evaporado, mexendo ocasionalmente. Enquanto isso, descasque e pique finamente o alho e o gengibre, então adicione-os à panela e refogue por mais 1 minuto. Acrescente o cubo de caldo esmigalhado, o amido de milho, o molho de feijão-preto, 1 colher (sopa) de molho de pimenta e 1 colher (sopa) de molho de soja. Despeje 500 ml de água, deixe ferver, depois cozinhe em fogo baixo por cerca de 30 minutos ou até que engrosse, mexendo ocasionalmente.

Quando faltar 15 minutos para completar o cozimento do molho, cozinhe o arroz com uma pitada de sal de acordo com as instruções da embalagem. Assim que o molho estiver consistente, pique o tofu em cubos de 2 cm, acomode-os em uma panela com água fervendo em fogo baixo, junte a ervilha e afervente por 4 minutos, a seguir escorra-os cuidadosamente em uma peneira. Coloque a ervilha e o tofu na panela, misture gentilmente e tempere a gosto com um pouco de molho de soja.

Apare e fatie finamente os talos de cebolinha e a pimenta, destaque as folhas de coentro (se utilizar) e espalhe tudo sobre o molho. Sirva com o arroz fofo, as cunhas de limão para espremer por cima e mais um pouco de molho de pimenta para ficar bem picante, se quiser.

COBRA NO BURACO

Este prato é superdivertido – faz as crianças rirem e, no fundo, somos todos crianças grandes. Não se espante com a aparência, é um prato delicioso que eu tenho certeza de que vocês amarão. É um cruzamento entre um pão assado e uma almôndega, cercada pelo nosso *Yorkshire pudding* predileto, e se isso não for suficiente, sirva com um molho adocicado de cebola.

Serve 4 a 6

Tempo total: 1 hora

563 calorias

120 g de farinha de trigo

2 ovos grandes

100 ml de leite semidesnatado

4 ramos de alecrim

2 fatias de pão amanhecido

500 g de carne moída

1 colher (chá) cheia de mostarda com sementes

1 batata-doce

azeite de oliva

2 cebolas roxas

1 cubo de caldo de carne

vinagre balsâmico

Preaqueça o forno a 200°C. Coloque 100 g da farinha em uma jarra com uma pitada de sal, bata os ovos ali dentro, depois gradualmente adicione o leite até obter uma massa uniforme e reserve. Destaque as folhas de alecrim e coloque metade delas dentro do processador de alimentos, adicione o pão e bata até obter um farelo. Junte a carne, a mostarda e uma pitada de sal e pimenta. Descasque e rale grosseiramente a batata-doce, acrescente ao processador de alimentos (isso deixará o pão bem suculento) e bata até que fique uniforme. Molde essa mistura no formato de uma cobra com cerca de 4 cm de espessura (seja tão realista quanto quiser), regue com um fio de azeite e esfregue bem toda a carne. Acomode a cobra em uma assadeira bem grande (aproximadamente 30 cm x 35 cm) untada com azeite. Asse por 20 minutos.

Enquanto isso, para preparar o molho, descasque e fatie as cebolas e coloque em uma panela com um fio de azeite sobre fogo médio. Cozinhe por cerca de 15 minutos ou até que esteja tenra, mexendo regularmente. Quando a cebola estiver macia, misture o restante da farinha, o cubo de caldo esmigalhado e 500 ml de água. Deixe ferver, depois cozinhe em fogo baixo por 20 minutos ou até ficar com boa consistência. Tempere a gosto, adicione uma borrifada de vinagre balsâmico e mantenha aquecido.

Quando o tempo de forno terminar, retire a assadeira com a cobra, polvilhe o restante das folhas de alecrim e, rápida e cuidadosamente, despeje a massa na assadeira. Retorne a assadeira ao forno por cerca de 25 minutos ou até que a massa esteja dourada e estufada – não fique tentado a abrir o forno durante o cozimento. Coloque a assadeira no centro da mesa, despeje o molho ao redor da cobra e sirva com um pote de mostarda. Acompanhe com legumes da estação cozidos no vapor ou uma tigela grande de ervilha (minhas crianças adoram comer ervilha!).

ENCONTRE OS . . .
FILÉS SECRETOS

Muito além dos tão amados filé-mignon, contrafilé, filé de costela e alcatra há um mundo excitante de outros cortes deliciosos que, em minha opinião, oferecem sabor e maciez. A verdade é que todos os animais são uma junção de músculos – alguns mais duros, que exigem cozimento longo, e outros mais macios, que cozinham rapidamente. Por isso, vou te apresentar quatro "filés" subestimados, mas inacreditavelmente saborosos. Sim, esses cortes são valiosos – e custam até três vezes menos que o filé-mignon –, pois têm mais sabor e podem ficar igualmente macios. Siga minhas dicas de como cozinhá-los para alcançar grandes resultados.

A carne deve ficar entre malpassada e ao ponto: se cozinhar um pouco mais ela pode enrijecer.

Retire a carne da geladeira 1 hora antes de prepará-la: cozinhar a carne gelada significa que o calor não alcança o centro tão eficientemente e os sucos não reagem da mesma forma, por isso cozinhe a carne em temperatura ambiente.

Marine para obter melhor sabor: um fio de azeite de oliva, um pouco de vinagre e uma erva (alecrim é uma boa escolha) esfregados na carne sempre ajudam.

Tempere bem, um pouco antes de cozinhar: isso é importante – polvilhe a carne com uma boa pitada de sal e pimenta-do-reino moída na hora quando estiver pronto para prepará-la.

Cozinhe em uma panela, grelha ou churrasqueira bem quentes: assim você terá uma caramelização de qualidade, o que é essencial para uma crosta deliciosa.

Vire a cada minuto até que fique passada ao seu gosto: para que haja cozimento interno uniforme e para aumentar a retenção dos sucos da carne.

Sempre deixe a carne descansar por 2 minutos antes de servir: esfregue-a com um pouco de azeite extravirgem ou manteiga enquanto ela descansa. Corte-a e despeje o suco que se desprender por cima dos pedaços.

O QUE PEDIR AO SEU AÇOUGUEIRO:

O açougueiro artesanal Jack O'Shea me deu os nomes corretos em inglês, mas esses cortes são conhecidos por outros nomes no Brasil. Aqui estão eles:

1. FLANK SKIRT STEAK OU FRALDINHA:

Este é um corte longo e achatado da região da barriga do boi, chamado de *skirt* ("saia", em inglês) por se parecer com uma saia pregueada quando você o segura – as pregas são as fibras da carne. Eu amo cozinhá-lo inteiro – corte no sentido contrário das fibras, que são bem fáceis de ver.

2. THICK SKIRT STEAK OU LOMBINHO:

Este é um corte realmente interessante que fica ao longo do coração e dos órgãos. A carne é escura, as fibras mais longas e tem um sabor ligeiramente mais forte – é um corte de bom tamanho e, ao ser marinado e bem cozido, fica delicioso.

3. FEATHER STEAK OU PALETA:

Este é o meu corte bovino favorito – gosto mais dele do que qualquer outro corte convencional. Tem o melhor sabor, textura e proporção de gordura, além de ser de um bom tamanho. É um corte que o açougueiro retira da região das escápulas do animal, na parte dianteira. Há um nervo duro bem no centro dele, que precisa ser retirado – peça ao seu açougueiro para fazer isso.

4. THIN SKIRT STEAK OU MATAMBRE:

Este corte vem da região do diafragma e ao redor da costela. Cru, é o corte menos bonito que existe, mas, depois de marinado, ele fica lindo, e quando então é grelhado em uma grelha ou churrasqueira quentes, temperado com azeite e suco de limão e cortado em fatias finas, fica realmente fantástico – experimente.

1

2

3

4

FILÉ SECRETO COM BATATA FRITA E VAGEM AO ALHO

Esta é uma maneira clássica de aproveitar aqueles fantásticos cortes secretos (veja página 148). Para obter ótimos resultados, frite o bife de sua escolha rapidamente em uma panela bem quente, deixando-o, de preferência, malpassado ou ao ponto – um pouco mais que isso e ele ficará muito rígido. Com batatas fritas caseiras em cunhas, vagem com alho e molho cremoso de cogumelo para acompanhar, você terá o seu jantar de sábado à noite.

Serve 4

Tempo total: 50 minutos

549 calorias

800 g de batata

azeite de oliva

opcional: 2 ramos de alecrim

1 cebola pequena

100 g de cogumelos-de-paris

50 ml de creme de leite

½ colher (chá) de mostarda Dijon

400 g de vagem congelada

4 dentes de alho

1 bife de fraldinha ou qualquer um dos outros "filés" secretos (veja página 148)

Preaqueça o forno a 200°C. Lave as batatas, esfregando bem a casca, corte ao meio e depois em cunhas. Coloque em uma panela grande com água fervente salgada para aferventar por 4 minutos, escorra e transfira para uma assadeira. Regue com um pouco de azeite, tempere com sal e pimenta, mexa bem, espalhe as folhas de alecrim (se utilizar) e asse por 40 minutos, ou até que fique dourada e crocante, sacudindo a assadeira algumas vezes.

Enquanto isso, descasque e fatie a cebola, corte os cogumelos em lâminas, coloque tudo em uma panela média com um fio de azeite e uma pitada de sal e pimenta sobre fogo médio. Frite por 10 minutos ou até que dourem, então acrescente o creme de leite, a mostarda e uma borrifada de água e deixe cozinhar em fogo baixo, adicionando mais água, se for necessário, para que não fique muito espesso. Coloque a vagem congelada em uma frigideira grande com um fio de azeite, sobre fogo médio, mexendo enquanto descongela. Descasque e fatie o alho e acrescente-o quando todo o líquido da vagem tiver evaporado, depois reduza o fogo e cozinhe por cerca de 5 minutos ou até que fique crocante e dourada.

Tempere a carne com sal e pimenta, esfregue com um pouco de azeite e soque-a com o seu punho para deixá-la achatada e mais macia. Grelhe em uma frigideira grande quente (corte o bife ao meio, se necessário) sobre fogo alto. Vire a cada minuto por 5 a 6 minutos para a carne ficar ao ponto ou até atingir o ponto de sua preferência. Se tiver, coloque por cima 2 ramos de alecrim ou de tomilho nos últimos 2 minutos de cozimento. Transfira a carne para uma tábua para descansar por 2 minutos. Adicione os sucos que se desprenderem da carne ao molho de cogumelo e tempere-o a gosto. Corte a carne em fatias finas ao longo do comprimento (em sentido contrário ao das fibras) e arrume-as sobre a vagem. Regue com o molho de cogumelo e sirva com a batata crocante para acompanhar.

CARPACCIO BRITÂNICO TOSTADO

Muitas pessoas amam carpaccio, ou seja, fatias finas de carne crua com um sabor delicioso, feitas pela primeira vez no Harry's Bar em Veneza para um cliente doente que não podia comer carne cozida (a carne crua é mais fácil de ser digerida). Eu me inspirei na receita original, mas, para dar um toque britânico, acrescentei mostarda inglesa, agrião e maçã, finalizando com lascas de queijo. Lindo.

Serve 4

Tempo total: 25 minutos

284 calorias

300 g de fraldinha (veja página 148)

azeite de oliva

1 colher (chá) cheia de mostarda inglesa

1 colher (sopa) de molho inglês

2 colheres (sopa) de vinagre de maçã

2 colheres (sopa) de azeite de oliva extravirgem

100 g de rabanete

1 maçã

100 g de agrião

30 g de queijo cheddar curado

Coloque uma frigideira de grelhar ou uma frigideira comum grande sobre fogo alto até que fique bem quente. Esfregue toda a carne com sal, pimenta e um fio de azeite, depois grelhe cada lado por 30 segundos (não deixe cozinhar – o objetivo é apenas crestar ligeiramente a carne por fora). Transfira a carne para uma tábua de cortar para descansar por 5 minutos, a seguir corte, no sentido do comprimento, em fatias com menos de 1 cm de espessura. À medida que for cortando, coloque as fatias uma sobre a outra, intercalando com filme plástico, e amasse com um rolo de massa para que fiquem realmente achatadas. Arrume as fatias lindamente em uma travessa grande ou divida entre pratos individuais.

Em uma tigela pequena, bata a mostarda, o molho inglês, o vinagre e um pouco de azeite extravirgem com uma pitada de sal e pimenta. Fatie os rabanetes ou corte-os em quatro partes e corte a maçã em cunhas. Misture o rabanete, a maçã, o agrião e um pouco do molho e espalhe sobre a carne. Regue com o restante do molho, rale lascas do queijo por cima usando um descascador de legumes e sirva no centro da mesa.

Se quiser variar, experimente trocar a maçã por pera, o agrião por rúcula ou brotos de ervilha e o cheddar pelo parmesão ou, se preferir queijos ingleses, por um lindo pedaço de Lincolnshire Poacher ou Lancashire.

PORCO

• RECEITAS DE CARNE DE PORCO •

A carne de porco é fantástica para se comprar e, se formos guiados pelo espírito econômico, a opção por cortes mais periféricos e incomuns como paleta, barriga e joelho, e pela carne de porco moída, irá ajudar a sua carteira. Este capítulo gira em torno de uma receita de paleta assada e traz também várias ideias para aproveitar sobras de carne. Todas as outras receitas usam cortes econômicos, por isso não deixe de experimentá-las. Quando compro carne de porco, exijo que, pelo menos, ela seja aprovada pela RSPCA Freedom Food (veja página 77). Por favor, compre carne orgânica ou de animais criados livremente sempre que possível. E lembre-se: comprar uma porção menor de carne, mas de ótima qualidade, é o melhor investimento.

A BASE DE TUDO

RECEITAS COM SOBRAS

MAIS RECEITAS

A BASE DE TUDO PORCO ASSADO DE DOMINGO

A paleta de porco é um corte barato, porém muito bom. Você sempre consegue um molho de sabor incrível com a gordura do cozimento e, como bônus, ganha aquela deliciosa pele crocante do porco – em casa sempre brigamos por ela – e o seu preparo é bem simples. Aproveite as sobras de carne (veja a dica abaixo, à esquerda).

Serve 8, mais as sobras
Tempo total: 5 a 6 horas

417 calorias

½ paleta de porco (4,5 kg), com ossos e com couro

1 colher (sopa) cheia de sementes de erva-doce

azeite de oliva

3 cebolas

10 folhas de louro

4 maçãs

2 cebolas roxas

1 repolho roxo

2 colheres (sopa) de vinagre de vinho branco

1 colher (sopa) de geleia de frutas silvestres

1 aipo-rábano grande

1 colher (sopa) cheia de farinha de trigo

Você ficará com muita sobra de carne, por isso aproveite um tanto nos 2 ou 3 dias seguintes, separe o que sobrar em porções e congele para usar em refeições futuras. Descongele a carne na geladeira 24 horas antes de cozinhar.

Preaqueça o forno a 220°C. Faça furos por toda a paleta com um estilete em intervalos de 1 cm e coloque-a em uma assadeira grande. Esmague as sementes de erva-doce com uma boa pitada de sal e pimenta. Esfregue toda a carne com as sementes esmigalhadas e um fio de azeite, colocando o tempero também dentro dos furos. Asse por 1h30. Enquanto isso, descasque as cebolas e corte-as em quatro. Escorra toda a gordura da assadeira e guarde-a (veja página 158), reduza a temperatura do forno para 130°C e coloque a cebola e as folhas de louro sob a carne. Despeje 750 ml de água e asse por 4 horas ou até que a carne fique suculenta e se desprendendo do osso. Na metade do tempo de cozimento, faça furos ao redor das maçãs e adicione-as ao assado.

Quando faltar 40 minutos, fatie as cebolas roxas e coloque em uma panela grande com um fio de azeite sobre fogo médio. Cozinhe por 10 minutos ou até ficarem tenras, mexendo às vezes. Fatie o repolho no processador e acrescente-o à panela com o vinagre, a geleia e uma borrifada de água; misture tudo. Cozinhe semitampado por 20 a 25 minutos ou até que o repolho fique macio, e tempere a gosto. Descasque o aipo-rábano, corte em cubos de 2 cm e frite em uma panela sobre fogo alto com azeite e uma pitada de sal por 10 a 15 minutos ou até dourar. Reduza o fogo para médio-baixo e cozinhe semitampado por cerca de 15 minutos, mexendo ocasionalmente.

Transfira a carne e as maçãs para uma travessa e cubra. Coloque a assadeira (com a cebola e tudo o mais) sobre fogo médio, junte a farinha e mexa para fazer o molho. Adicione um pouco de água, se necessário, e acrescente o suco da carne que escorreu na travessa. Mexa bem e ferva em fogo baixo por 5 minutos ou até obter a consistência desejada. Coe o molho direto para uma molheira. Sirva com o repolho, o aipo-rábano e legumes da estação.

VOCÊ JÁ...

JOGOU FORA A GORDURA DE UM ASSADO?

Primeiro de tudo, a gordura carrega uma quantidade incrível de sabor. Se você preparar um cozido, sopa, ragu ou um simples molho de tomate com uma minúscula colher (chá) de gordura é como utilizar o melhor caldo de carne em cubo do mundo. Mesmo peixes, frutos do mar e vegetais se beneficiarão enormemente com um pouco de gordura durante o cozimento, sem mencionar pães e batata assada. Sim, é uma gordura supersaturada, mas o segredo é usar apenas uma pequena quantidade de vez em quando. É estável, pode ficar guardada na geladeira por até dois meses e, utilizada com moderação, é uma arma maravilhosa na cozinha.

Sem dúvida, as nossas avós e bisavós usavam com grande prazer as sobras de gordura proveniente do cozimento de carne bovina, de cordeiro, porco e frango. Já nos dias de hoje, muitas pessoas se preocupam com a quantidade de gordura saturada que consomem. E realmente é melhor você não usar gorduras saturadas para cozinhar, porém, e este é um grande porém, se você estiver cozinhando alimentos frescos e utilizar um pouco de gordura, você terá, sem sombra de dúvida, muito menos gordura saturada do que a maioria dos alimentos processados, fast-food e comida comprada pronta. Para mim, é a mesma questão de coisas como creme de leite e queijo: nós todos os amamos, mas eles definitivamente devem ser usados com moderação.

Jogar fora a gordura é péssimo para o sistema de esgoto e também para o meio ambiente, portanto, aproveite-a totalmente na cozinha – um pouquinho de cada vez – em vez de descartá-la. A opção mais simples é despejar a gordura em um pote limpo de geleia – certifique-se de que a gordura não esteja muito quente, senão o vidro pode trincar –, etiquetar e armazenar na geladeira. Eu conservo gorduras diferentes separadamente – de carne bovina, frango, porco, pato ou ganso –, mas não costumo guardar a gordura de cordeiro por muito tempo porque o seu sabor é muito intenso e ela não pode ser usada em muitos pratos.

Outra coisa que eu gosto de fazer é pegar diversas ervas frescas, como sálvia, alecrim, louro e tomilho, e mesmo especiarias perfumadas, como cravo-da-índia, anis-estrelado, cardamomo e sementes de erva-doce – o que você tiver à mão –, e dividir entre os pequenos compartimentos de uma fôrma de cubos de gelo. Alho esmagado, gengibre ralado e fatias de pimenta também funcionam bem. Com bastante cuidado, despeje na fôrma a gordura e todo o caldo do cozimento e coloque no congelador. Essas pequenas "bombas" de sabor ficarão lá esperando para explodir quando você precisar delas para dar um toque mais intenso à sua receita.

Pork
Dripping

PIZZA AMERICAN HOT

SOBRAS

Junte a pizza mais consumida no Reino Unido, a American Hot (bastante apimentada), com a clássica pizza de Chicago (com a massa bem grossa) e algo mágico acontece. Recheada com sobras de carne de porco e uma boa dose de pimenta, fica com sabor indescritível.

Serve 8 a 10

Tempo total: 1 hora (mais o tempo de crescimento)

664 calorias

1 kg de farinha de pão ou farinha tipo 00, mais um pouco para polvilhar

1 sachê (7 g) de fermento seco

3 colheres (sopa) de azeite de oliva extravirgem ou sobras de gordura de porco

2 dentes de alho

1 colher (chá) de orégano seco

1 lata (400 g) de tomate pelado picado

vinagre de vinho tinto

50 g de pão amanhecido ou ciabatta

azeite de oliva

350 g de sobras de carne de porco assada com o couro crocante ou 6-8 linguiças de boa qualidade (com pelo menos 80% de carne)

1 cebola roxa

25 fatias de pimenta *jalapeño* em conserva ou 2 pimentas verdes frescas

150 g de queijo cheddar ou muçarela

1 colher (chá) de sementes de erva-doce

uma boa pitada de páprica defumada

Coloque a farinha e 1 colher (chá) cheia de sal em uma tigela grande e faça um buraco no centro. Adicione aí 600 ml de água morna e o fermento e misture. Junte o azeite extravirgem (ou uma quantidade equivalente de sobras de gordura de porco) e use um garfo para levar a farinha para o centro. Sove a massa sobre uma superfície polvilhada com farinha até que fique macia e elástica. Coloque-a em uma vasilha, cubra com um pano úmido e deixe em lugar aquecido até que dobre de tamanho (aproximadamente 1 hora).

Enquanto isso, coloque o alho no liquidificador e acrescente o orégano, o tomate e 1 colher (sopa) de vinagre. Bata até ficar homogêneo, tempere e reserve. No processador de alimentos, moa o pão até obter um farelo. Unte com azeite quatro fôrmas redondas com aproximadamente 30 cm de diâmetro e polvilhe ligeiramente o farelo de pão.

Preaqueça o forno a 190°C. Sove de novo a massa, divida em quatro partes e abra cada pedaço sobre uma superfície polvilhada com farinha até ficar com discos de aproximadamente 30 cm. Acomode os discos nas fôrmas, empurrando a massa para criar uma borda grossa, e deixe que elas cresçam por mais 15 a 20 minutos. Divida o molho entre as bases de pizza. Pique em fatias finas a carne de porco e sobras de couro crocante que tiver, ou esprema a carne das linguiças e espalhe sobre as pizzas. Descasque e fatie finamente a cebola, regue-a com um fio de azeite extravirgem e distribua sobre as pizzas, assim como a pimenta *jalapeño* e o queijo. Esmague as sementes de erva-doce e a páprica em um almofariz até que fique bem fino e polvilhe sobre as pizzas. Nesse ponto, eu gosto de cobrir duas pizzas com filme plástico e colocá-las no freezer para usar no dia seguinte. Asse as pizzas que não foram congeladas por cerca de 15 a 20 minutos ou até que o queijo tenha derretido e a base esteja dourada, estufada e crocante. Deliciosa. Para assar as outras pizzas, leve-as diretamente do freezer ao forno, aumente o tempo para 30 minutos e certifique-se de que elas estejam bem quentes antes de servir.

SOBRAS

BANH MI

Ao longo das últimas décadas, a comunidade vietnamita de Londres cresceu e, com ela, é claro, surgiram pratos bem especiais. Nos mercados de comida de rua por toda a cidade, as barraquinhas de *banh mi* atraem os moradores locais com esse flexível clássico franco-vietnamita. Baguete, patê, carne assada, picles e pimenta – não tem erro.

Serve 4

Tempo total: 45 minutos

473 calorias

1 cenoura

¼ de pepino

¼ de repolho-branco

1 colher (sopa) de açúcar demerara

3 colheres (sopa) de vinagre de vinho branco

200 g de fígado de frango

2 cebolas

½ maço de coentro (15 g)

azeite de oliva

200 g de sobras de carne de porco assada

opcional: sobras de gordura de porco

2 colheres (sopa) de molho de pimenta-doce

1 pimenta vermelha

4 baguetes pequenas

opcional: molho de pimenta

Corte a cenoura e o pepino em palitos finos, rasgue as folhas de repolho e coloque tudo em uma tigela. Adicione o açúcar, o vinagre e uma boa pitada de sal e amasse por 1 minuto para preparar um picles. Reserve.

Apare os fígados de frango e coloque-os em uma tigela com água por alguns minutos. Descasque as cebolas, pique-as finamente junto com os talos de coentro e coloque em uma panela grande com um fio de azeite sobre fogo médio. Cozinhe por 10 minutos, ou até que fique tenro, mexendo regularmente. Escorra o fígado, pique, adicione ao refogado e deixe cozinhar por mais 5 minutos, então transfira tudo para o processador de alimentos e triture até obter um patê quase homogêneo. Transfira o patê para uma vasilha e tempere a gosto.

Seque a panela com toalhas de papel e leve-a de volta ao fogo médio, em seguida fatie a carne de porco e coloque-a na panela junto com a sobra de gordura, se tiver, ou um fio de azeite. Frite por 5 minutos ou até que a carne fique crocante, acrescentando o molho de pimenta-doce no último minuto. Fatie finamente a pimenta.

Corte as baguetes ao meio no sentido do comprimento (primeiro, aqueça-as no forno por 10 minutos, se possível) e espalhe generosamente o patê nas duas partes do pão. Esprema todo o excesso de líquido salgado do picles de vegetais e distribua na parte inferior do pão. Cubra com a carne de porco, as fatias de pimenta e as folhas de coentro, depois regue com o molho de pimenta, se quiser.

PÃEZINHOS DIM SUM

SOBRAS

É sempre divertido preparar pãezinhos recheados. Quando você os cozinha no vapor, eles crescem e estufam, e as pessoas vibram. Eu sempre gostei de fazer *dim sum* para um brunch chinês, mas na verdade eles são ainda melhores para servir aos amigos, junto com uma cerveja – todos vão ficar loucos por eles.

Serve 8

323 calorias

Tempo total: 45 minutos

1 pimenta vermelha

4 cebolinhas verdes

½ maço de coentro (15 g)

300 g de sobras de carne de porco assada

4 colheres (sopa) cheias de molho de feijão--preto

2 colheres (sopa) de molho de pimenta

500 g de farinha com fermento, mais um pouco para polvilhar

400 ml de leite semidesnatado

2 colheres (sopa) de sementes de gergelim

1 pé de alface lisa

molho *hoisin*, para servir

Apare a pimenta e retire as sementes, corte ao meio 2 talos de cebolinha. Fatie bem finamente no sentido do comprimento, coloque em uma tigela com água gelada para que fiquem encaracoladas, junte as folhas de coentro e reserve. Apare e pique as cebolinhas restantes e coloque em uma vasilha. Desfie muito bem a carne de porco e coloque-a na mesma vasilha, adicione o molho de feijão-preto e o molho de pimenta e misture bem.

À mão ou no processador de alimentos, misture a farinha e o leite com uma pitada de sal até ficar tudo bem combinado. Adicione mais uma polvilhada de farinha, se necessário, para ligar a massa, transfira para uma superfície polvilhada com farinha e enrole até formar um rolo grosso. Corte a massa em 16 pedaços, molde bolinhos e achate-os, formando discos com cerca de 0,5 cm de espessura. Coloque 1 colher (chá) cheia da mistura de carne de porco no centro de cada disco, puxe as bordas da massa sobre o recheio e dobre, apertando bem as extremidades para selar. Vire os pãezinhos de modo que a emenda fique virada para baixo e arrume-os sobre as bandejas de uma cesta de cozimento no vapor – você pode colocar 8 pães em cada bandeja do cesto, assim você deverá cozinhá-los em dois lotes.

Coloque um wok sobre fogo médio, toste rapidamente as sementes de gergelim, transfira para uma tigela pequena e reserve. Adicione 2 cm de água fervente ao wok (preencha com mais água antes de cozinhar a segunda porção). Coloque o cesto de cozimento a vapor com os pãezinhos sobre o wok, tampe o cesto e cozinhe por cerca de 12 minutos ou até que os pães estejam fofos e quentes no centro, em seguida polvilhe com ¼ das sementes de gergelim. Repita o mesmo processo com o segundo cesto. Sirva o *dim sum* com uma pilha de folhas de alface, o molho *hoisin* e uma tigela com a maior parte das sementes de gergelim para mergulhar os pãezinhos. Coloque também uma vasilha com a pimenta, a cebolinha e as folhas de coentro encaracoladas e escorridas, para acompanhar os pãezinhos.

RAGU DE CARNE DE PORCO

SOBRAS

Sobras de carne de porco acrescentam uma quantidade fenomenal de sabor a este molho, o que seria impossível de conseguir com carne moída bovina. É simples de preparar e fica maravilhoso, como você pode ver aqui, servido com uma massa ou sobre uma bruschetta quente. Falando sério, a lista de coisas que você pode servir com esse ragu é enorme: em sanduíches, com polenta, como recheio de batata assada, no risoto, em canelones.

Serve 6

Tempo total: 50 minutos

174 calorias

2 ramos de alecrim

2 dentes de alho

2 cebolas

2 cenouras

azeite de oliva

½ colher (chá) de pimenta seca em flocos

1 colher (chá) cheia de sementes de erva-doce

300 g de sobras de carne de porco assada

700 ml de *passata* de tomate

Destaque as folhas de alecrim, descasque o alho, as cebolas e as cenouras, pique tudo finamente e coloque em uma panela grande sobre fogo médio com um fio de azeite e a pimenta seca em flocos. Esmague as sementes de erva-doce em um almofariz, adicione à panela e refogue por 15 minutos ou até que os vegetais fiquem macios, mexendo regularmente.

Enquanto isso, corte a carne de porco em cubinhos de 1 cm. Quando os vegetais estiverem macios, acrescente a carne à panela, frite por mais 5 minutos e adicione a *passata*. Coloque uma borrifada de água na embalagem vazia da *passata*, dê uma sacudida e despeje na panela. Cozinhe em fogo baixo por cerca de 20 minutos ou até que a carne esteja se desmanchando e o molho fique mais grosso e reduzido, mexendo ocasionalmente e adicionando mais uma ou duas borrifadas de água, se necessário. Tempere a gosto. Eu gosto de servir este ragu com uma massa cozida na hora ou sobre uma fatia de pão tostada. Polvilhar um pouco do seu queijo preferido ralado dará uma ótima finalização.

Sempre que você usar *passata*, lave bem o vidro e reutilize-o para guardar azeites e vinagres temperados (veja página 70), chutneys ou conservas caseiras (veja página 176).

TACOS CROCANTES DE PORCO

SOBRAS

Eu amo um bom taco. No capítulo de peixes, eu mostro a você como preparar tacos macios (veja página 220), e eles são incríveis, mas, para combinar com a carne de porco, eu prefiro tacos crocantes. O contraste entre o sabor do feijão-preto, da salada e das pimentas é maravilhoso. Encontre um lugar tranquilo e coma se lambuzando.

Serve 6

Tempo total: 30 minutos

395 calorias

1 pimentão verde

1 cebola roxa grande

1 pimenta verde fresca

uma pitada de cravo-da-índia em pó

2 colheres (sopa) de vinagre de vinho tinto

opcional: sobras de gordura de porco

azeite de oliva

2 colheres (sopa) de tempero Cajun

2 latas (400 g cada) de feijão-preto

300 g de sobras de carne de porco assada

sobras de couro de porco crocante

1 colher (chá) rasa de páprica doce defumada

12 conchas para tacos

½ pé de alface-americana

6 colheres (sopa) de iogurte natural desnatado

Retire as sementes do pimentão e descasque a cebola. Fatie finamente o pimentão e metade da cebola, de preferência no processador de alimentos, mas pode ser com um descascador de legumes (use a alça!) ou com uma boa faca afiada. Corte a pimenta em fatias bem finas, depois coloque tudo em uma tigela e acrescente o cravo-da-índia em pó, o vinagre e uma pitada bem generosa de sal. Esmague tudo junto para preparar um picles e deixe reservado.

Pique finamente a outra metade da cebola e coloque em uma panela média sobre fogo médio-baixo, de preferência com uma colherada de gordura de porco do assado de domingo (se tiver), ou com um fio de azeite, e o tempero Cajun. Frite por 8 a 10 minutos ou até que fique macia e ligeiramente dourada, mexendo ocasionalmente, então acrescente o feijão-preto (com o líquido da conserva). Espere ferver, amasse ligeiramente, tempere a gosto e cozinhe gentilmente em fogo baixo por alguns minutos para engrossar, mas não deixe secar demais.

Enquanto isso, corte a carne de porco e qualquer sobra de couro crocante que tiver em cubos de 1 cm e coloque em uma frigideira sobre fogo médio com uma borrifada de azeite. Polvilhe a páprica e frite por 5 a 8 minutos ou até que a carne fique escura e grudenta. Aqueça as conchas de taco de acordo com as instruções da embalagem e rasgue as folhas de alface.

Quando tudo estiver pronto, recheie os tacos com a alface rasgada, o feijão-preto e a carne de porco. Esprema o picles de cebola e pimentão para eliminar o excesso de líquido salgado, adicione um pequeno punhado do picles em cada taco, cubra com uma porção de iogurte e sirva.

WAFFLES COM CARNE DESFIADA E COLESLAW

SOBRAS

Waffles crocantes, carne macia de porco e um coleslaw de sabor intenso – que combinação! É delicioso, apetitoso e um jeito brilhante de aproveitar sobras de carne de porco tanto da Barriga de porco piripíri (veja página 182) quanto do Porco assado de domingo (veja página 156). E eu tenho de ser honesto, nesta receita uma máquina de waffles faz toda a diferença, e você pode comprá-la mais barato pela internet. Se não tiver, use uma frigideira de grelhar, cozinhando dois waffles de cada vez.

Serve 4

Tempo total: 40 minutos

442 calorias

½ cebola roxa

1 cenoura

¼ de repolho-branco

½ maço de hortelã (15 g)

1 pimenta vermelha

2 colheres (sopa) de vinagre de vinho branco

2 colheres (sopa) de azeite de oliva extravirgem

20 g de manteiga sem sal

1 ovo grande

1 colher (sopa) de açúcar

140 g de farinha com fermento

½ colher (chá) de bicarbonato de sódio

185 ml de leite semidesnatado

300 g de sobras de carne de porco assada

4 colheres (sopa) bem cheias de molho barbecue

opcional: sobras de couro de porco crocante

Descasque a cebola e a cenoura, apare o repolho, depois rale-os grosseiramente com um ralador quadrado ou no processador de alimentos e transfira para uma tigela. Fatie finamente as folhas de hortelã e a pimenta, coloque na tigela, adicione o vinagre e o azeite, então amasse tudo junto para preparar um coleslaw suculento. Tempere a gosto e reserve.

Derreta a manteiga em uma frigideira pequena. Separe o ovo em duas tigelas, certificando-se de que a clara fique em uma vasilha extremamente limpa. Bata a clara com o açúcar até o ponto de neve. Bata a gema com a manteiga derretida (deixe a frigideira reservada para usar mais tarde), a farinha e o bicarbonato de sódio, depois adicione o leite gradualmente, batendo até obter uma massa homogênea. Com uma colher de metal, misture delicadamente a massa com a clara em neve. Aqueça a máquina de waffles, deixando-a pronta para uso, e prepare os waffles de acordo com as instruções do fabricante, até ficarem dourados, leves e fofos.

Enquanto isso, desfie a carne de porco com dois garfos, misture-a com o molho barbecue e coloque na frigideira pequena sobre fogo médio para aquecer. Se tiver sobras de couro crocante, quebre-as e adicione também. Empilhe a carne desfiada e o coleslaw sobre o seu waffle e mande ver!

Sobras de qualquer tipo de carne ficam brilhantes dessa maneira – desde que você consiga desfiá-la, não tem como errar.

SOBRAS

PIMENTÃO RECHEADO RISOTO ASSADO FÁCIL

Este é um daqueles jantares fabulosos que são preparados em pouquíssimo tempo e criam um grande efeito com algumas sobras de carne de porco. O risoto assado, fácil de fazer e com baixo custo, combina muito bem com o pimentão recheado. Você simplesmente coloca tudo no forno e deixa o tempo trabalhar.

Serve 4

Tempo total: 1 hora

613 calorias

2 pimentões grandes de cores variadas

azeite de oliva

1 cebola

2 tomates maduros

½ maço de salsa (15 g)

2 colheres (sopa) de vinagre de vinho tinto

1 colher (sopa) de ketchup

1 colher (chá) cheia de páprica doce defumada

200 g de sobras de carne de porco assada

300 g de arroz para risoto

1 cubo de caldo de legumes

1 bolota de manteiga sem sal

50 g de queijo parmesão

1 limão-siciliano

Preaqueça o forno a 180°C. Corte os pimentões ao meio, retire as sementes e esfregue-os com azeite, sal e pimenta, depois acomode-os, com o lado cortado voltado para cima, em uma assadeira onde fiquem bem juntos. Descasque a cebola, corte ¼ dela em fatias finas e reserve; pique bem o restante da cebola, coloque em uma travessa refratária média e regue com 2 fios de azeite. Leve ao forno a assadeira com o pimentão e a travessa com a cebola por 20 minutos. Enquanto isso, pique grosseiramente os tomates e pique bem fino os talos de salsa, coloque em uma tigela e adicione o vinagre, o ketchup, a páprica, a cebola fatiada reservada e um fio de azeite. Desfie ou pique a carne de porco, acrescente à tigela e amasse tudo junto com uma colher até ficar bem misturado.

Retire a assadeira e a travessa do forno. Adicione, na travessa com a cebola, o arroz, uma pitada de sal e pimenta, o cubo de caldo esmigalhado e 1 litro de água fervente, mexa bem e, cuidadosamente, leve de volta ao forno. Trabalhando rapidamente, despeje qualquer líquido do pimentão na mistura de carne, mexa bem, divida o recheio de carne entre as metades de pimentão e retorne a assadeira ao forno. Cozinhe tudo por mais 26 minutos, mexendo o arroz algumas vezes até que fique cozido, mas ainda mantendo a sua forma, e o pimentão esteja dourado. Adicione a manteiga e rale o parmesão sobre o risoto no final, tempere a gosto, se necessário, e finalize com raspas de limão-siciliano. Pique grosseiramente as folhas de salsa, espalhe sobre o pimentão e sirva imediatamente.

COSTELINHA DE PORCO ASSADA

Sejamos honestos, não há nada melhor que arrancar a carne doce de uma costelinha de porco. Quando digo às pessoas que é o que teremos para jantar, elas sempre ficam muito felizes. Costelas são uma opção econômica e esse método é bem simples, mas o resultado tem um sabor fenomenal.

Serve 6

782 calorias

Tempo total: 2 horas e 25 minutos (mais o tempo da marinada)

1 cebola

6 dentes de alho

1-2 pimentas *Scotch Bonnet*

3 folhas frescas de louro

227 g de abacaxi em calda, picado

1½ colher (sopa) de cominho em pó

½ colher (sopa) de pimenta vermelha em pó

1 colher (sopa) de pimenta-da-jamaica em pó

2 colheres (sopa) de tomilho seco

2 colheres (sopa) de vinagre de vinho branco

2 colheres (sopa) de molho inglês

2 colheres (sopa) de mostarda inglesa

200 ml de ketchup

100 g de açúcar mascavo

12 costelas de porco com osso (2,5-3 kg)

Descasque a cebola e corte-a em quatro partes, descasque o alho, retire as sementes das pimentas, elimine os talos das folhas de louro e coloque tudo no liquidificador. Adicione todos os outros ingredientes, exceto as costelas de porco. Bata até que fique uniforme e despeje em uma tigela grande. Coloque as costelas na tigela com o molho, virando-as para garantir que fiquem bem recobertas, tampe e deixe marinar na geladeira por 2 horas, no mínimo, ou de preferência de um dia para o outro.

Preaqueça o forno a 140°C. Arrume as costelas em duas assadeiras grandes, deixando o molho na tigela. Cubra as assadeiras com uma camada dupla de papel-alumínio, leve ao forno e asse por 2 horas. Enquanto isso, despeje o molho em uma panela, espere ferver, reduza para fogo médio-baixo e cozinhe por cerca de 10 minutos ou até que engrosse. Prove o molho – se quiser deixá-lo ainda mais picante, faça isso agora adicionando mais um pouco de pimenta em pó.

Quando as costelas estiverem assadas, escorra o suco que se formou nas assadeiras e despeje parte dele na panela do molho, para dar uma consistência mais suave (guarde o restante para preparar um molho picante outro dia). Aumente o forno para 220°C, pincele generosamente as costelas com o molho da panela e asse por mais 20 minutos ou até que fiquem brilhantes e grudentas – durante essa etapa final, pincele as costelas com mais molho a cada 5 minutos e vire-as. Sirva o restante do molho à parte, para que cada um regue as suas costelas a gosto. Fica ótimo com os acompanhamentos de sempre – arroz, batata frita e salada verde – e uma boa porção do seu picles favorito. O meu picles caseiro (veja página 176) complementa superbem este prato.

VOCÊ JÁ ...

JOGOU FORA SOBRAS DE VEGETAIS?

A verdade é que muitas pessoas jogam fora, sim. Por isso, da próxima vez que você abrir a geladeira e encontrar sobras solitárias de vegetais crus, por que não usá-las para preparar o seu próprio picles caseiro? Este é o meu modo preferido de aproveitar pedaços de vegetais que ainda estejam crocantes – que, do contrário, seriam descartados – e você fica com um picles ótimo que combina com todos os tipos de prato, principalmente com as carnes.

Obviamente não sei a quantidade e o tipo de sobras que você tem, mas pegue qualquer vegetal firme e crocante que fique bom em conserva – como brócolis (incluindo o talo), cenoura, rabanete, nabo, vagem, pepino, repolho, ervilha-torta, couve-flor, beterraba, cebola (e a lista continua) – e simplesmente corte em fatias ou em pedaços, dependendo do que você prefere. Eu gosto de cortar cada vegetal de um jeito, de propósito – alguns em cubos, outros em nacos irregulares, alguns fatiados delicadamente e outros mais grossos, ou mesmo em palitos. Eu até comprei uma faca ondulada e estou apaixonado por ela – você deveria comprar uma! Essa variação em tamanho e textura dará um picles fabuloso, e tudo o que você precisa fazer é cobrir os vegetais com o líquido do picles (veja abaixo). Talvez você queira aumentar ou diminuir as quantidades, dependendo do quanto você tem de sobras e do tamanho do vidro – sinta-se à vontade para fazer suas adaptações.

Coloque 1 caneca de água e 2 canecas do vinagre de sua escolha (de vinho branco, de vinho tinto, de maçã ou de malte) em um vidro limpo de tamanho apropriado que feche hermeticamente, acrescente 1 colher (sopa) cheia de sal e 1 colher (sopa) cheia de açúcar e mexa até o açúcar dissolver. Você pode colocar dentro do líquido quaisquer ervas ou especiarias que ama – sementes de mostarda, endro, grãos de pimenta e de coentro funcionam bem.

Para variar o sabor, prepare dois vidros – um agridoce e outro picante e temperado. Coloque os vegetais no vidro de modo que fiquem recobertos pelo líquido e conserve na geladeira por até 8 semanas. Você pode consumir imediatamente, se quiser – no início, estará bem picante e crocante, depois o sabor vai suavizando.

Picles caseiros ficam fantásticos em sanduíches e saladas, adoráveis em uma tábua de queijos e ótimos acompanhando carnes grelhadas ou assadas, curries e frituras. Duas sugestões criativas: pique bem alguns pedaços e misture com ketchup para temperar um hambúrguer; adicione o líquido do picles no lugar do vinagre para preparar molhos.

Se estiver indo à casa de alguém para o jantar, em vez de levar a costumeira garrafa de vinho, por que não dar um lindo pote do seu picles caseiro? Coloque uma etiqueta, crie uma embalagem especial e faça uma surpresa!

Atenção aos vegetais vermelhos e roxos, como beterraba, rabanete, cebola roxa e repolho-roxo – eles são deliciosos, mas tingem tudo de rosa. Por isso, conserve-os em um vidro separado.

House
Pickle

BOLO DE CARNE
MOLHO DE ESPAGUETE

Os garçons e os cozinheiros amavam o bolo de carne que eu preparava para o almoço dos funcionários quando era um jovem chef de cozinha. Eu utilizava sobras de carne bovina, de porco e de cordeiro, assava o bolo e o servia com espaguete. Juro, graças ao almoço que eu fazia para os funcionários, recebi várias promoções. Aqui utilizei carne de porco, mas sinta-se à vontade para usar qualquer combinação de carne moída que você queira.

Serve 6

Tempo total: 1 hora

592 calorias

3 cenouras

azeite de oliva

100 g de pão amanhecido

500 g de carne de porco moída

2 colheres (chá) cheias de orégano seco

30 g de queijo feta

1 ovo grande

3 pimentas vermelhas

1 cebola

2 dentes de alho

700 ml de *passata* de tomate

30 g de queijo cheddar

480 g de espaguete seco

Esse molho é bem apimentado. Se as suas crianças não gostam, elimine as pimentas da receita.

Preaqueça o forno a 200°C. Descasque as cenouras, corte-as ao meio no sentido do comprimento, arrume em uma assadeira (aprox. 25 cm x 30 cm), regue com azeite e asse por 10 minutos. Enquanto isso, triture o pão no processador até ficar em migalhas, coloque em uma tigela junto com a carne moída, metade do orégano, o feta esmigalhado (é uma porção pequena, mas faz toda a diferença!), o ovo e uma boa pitada de sal e pimenta. Amasse bem com as mãos e molde no formato de um pão de fôrma (aprox. 20 cm de comprimento). Quando completar o tempo de cozimento da cenoura, abra um espaço no meio da assadeira e acomode ali o bolo de carne. Asse por mais 25 minutos ou até que o bolo de carne fique dourado.

Enquanto isso, corte as pimentas ao meio no sentido do comprimento, retire as sementes e coloque em uma panela média com um fio de azeite sobre fogo baixo por 2 minutos. Descasque e pique finamente a cebola e o alho. Retire a pimenta da panela e reserve, coloque na mesma panela a cebola, o alho e o restante do orégano e refogue por cerca de 10 minutos ou até que fiquem tenros, mexendo algumas vezes. Despeje a *passata*, adicione uma borrifada de água ao vidro vazio da *passata*, dê uma sacudida e despeje esse caldo dentro da panela, tempere a gosto e deixe cozinhar em fogo baixo até que o bolo de carne fique pronto.

Retire a assadeira do forno, cuidadosamente, e despeje o molho ao redor do bolo de carne. Puxe as cenouras para cima do molho e arrume-as ao redor do bolo junto com a pimenta reservada. Rale o queijo cheddar por cima e leve o bolo de volta ao forno por mais 5 a 10 minutos ou até que doure e o molho esteja borbulhando. Enquanto isso, cozinhe o espaguete em uma panela grande com água fervente salgada, de acordo com as instruções da embalagem, e escorra. Sirva no centro da mesa o espaguete e o bolo de carne fatiado. Acompanhe com uma salada.

PANZANELLA COM LINGUIÇA

O bom pão amanhecido é o herói deste prato – rasgado e tostado, ele funciona como uma esponja e suga todos os incríveis sabores do tomate e do molho picante. É uma receita ótima para aproveitar sobras de pão, ajudando a gastar menos, mas se você não tiver pão amanhecido, use pão fresco e torre por um pouco mais de tempo. Essa salada também é perfeita para aproveitar tomates supermaduros, que você encontra em oferta.

Serve 4

Tempo total: 35 minutos

583 calorias

200 g de pão amanhecido de qualidade

12 azeitonas pretas

2 colheres (chá) cheias de alcaparras

1 kg de tomate maduro de vários tipos

1 cebola roxa pequena

1 maço de manjericão (30 g)

½ dente de alho

3 colheres (sopa) de vinagre de vinho tinto ou branco

5 colheres (sopa) de azeite de oliva extravirgem

2 linguiças de qualidade (com pelo menos 80% de carne)

2 colheres (chá) rasas de páprica doce defumada

1 colher (chá) cheia de sementes de erva-doce

azeite de oliva

2 ramos de alecrim

300 g de tomate-cereja maduro

40 g de queijo parmesão

Preaqueça o forno a 190°C. Rasgue o pão em pedaços do tamanho de um dedo polegar, coloque em uma assadeira e leve ao forno por cerca de 15 minutos ou até que fique dourado e crocante. Enquanto isso, retire o caroço das azeitonas e coloque-as em uma tigela, junte as alcaparras e uma borrifada de água fervente.

Pique grosseiramente os tomates variados, descasque a cebola e fatie o mais fino possível, e destaque as folhas de manjericão (reserve os talos e um punhado de folhas mais novas). Em uma tigela grande, misture o tomate picado com as folhas de manjericão e a maior parte da cebola, coloque metade dessa mistura no liquidificador, acrescente os talos de manjericão, o alho descascado, o vinagre e o azeite extravirgem e bata até ficar homogêneo. Tempere a gosto e despeje na tigela, adicione as azeitonas, as alcaparras e a água em que ficaram de molho, junte o pão tostado e misture tudo – parecerá muito molho, mas não se preocupe, o pão irá absorver tudo.

Esprema a carne das linguiças para fora e coloque-a em uma frigideira fria, adicione a páprica e as sementes de erva-doce e dê uma borrifada de azeite. Coloque a frigideira sobre fogo médio e frite até dourar, desmanchando a carne com a ajuda de uma colher de pau. Quando a carne estiver ligeiramente dourada, acrescente as folhas de alecrim e frite por mais 1 minuto.

Prove a salada e tempere a gosto, transfira para uma bela travessa e acrescente o conteúdo da frigideira por cima. Corte os tomates-cereja ao meio ou em quatro e distribua sobre a salada, espalhe também as folhas de manjericão e a cebola restante. Com um descascador de legumes, faça lascas de queijo parmesão, coloque por cima e sirva.

BARRIGA DE PORCO PIRIPÍRI

Ultimamente, os ingleses parecem estar tendo um caso de amor com o molho piripíri e eu pensei em aproveitar a oportunidade para assar um dos meus cortes favoritos de porco nesse molho, de modo que o sabor da carne condimenta o molho e vice-versa. E o que é melhor, o forno executa a maior parte do trabalho para você – muito bom.

Serve 6

Tempo total: 2 horas e 30 minutos

670 calorias

6 folhas de louro

1 colher (chá) rasa de páprica defumada

1 colher (sopa) de azeite de oliva

1,2 kg de barriga de porco, com o couro e com o osso

2 cebolas roxas

1 batata-doce

4 dentes de alho

2 pimentas-malagueta

1 colher (sopa) de vinagre de vinho tinto

700 ml de *passata* de tomate

2 ramos de alecrim

Se sobrar muita carne, aproveite para fazer os Waffles com carne desfiada da página 170 – ficará fantástico.

Preaqueça o forno a 200°C. Destaque as folhas de louro (descarte os talos) e esmague-as em um almofariz com uma boa pitada de sal até obter uma pasta. Adicione a páprica, o azeite e misture bem. Com um estilete limpo, faça cortes em formato de cruz a intervalos de 1 cm por toda a peça, apenas atravessando a gordura, mas não a carne. Esfregue a carne com a mistura de louro, temperando bem dentro dos cortes. Descasque e pique grosseiramente as cebolas e a batata-doce, descasque e pique finamente o alho e corte as pimentas ao meio, coloque tudo em uma assadeira de tamanho apropriado e acomode a carne por cima. Asse por 45 minutos.

Retire a assadeira do forno e, momentaneamente, transfira a carne para uma travessa. Acrescente o vinagre e a *passata* à assadeira, encha metade do vidro vazio de *passata* com água, dê uma sacudida e despeje esse caldo na assadeira, depois acomode a carne novamente por cima. Reduza a temperatura do forno para 170°C e asse por mais 1h30. Cerca de 20 minutos antes de terminar o tempo de cozimento, retire a carne do forno, escume a superfície da gordura e deposite-a em uma vasilha pequena. Coloque na vasilha as folhas de alecrim (descarte os talos), misture com a gordura, regue a barriga de porco e retorne a assadeira ao forno para finalizar o tempo de cozimento ou até que a carne esteja dourada e tenra e o molho tenha reduzido (afine-o com uma borrifada extra de água no final, se necessário). O couro do porco deve ficar crocante, mas, se não ficar, coloque a carne sob o grill quente e fique observando-a até ficar perfeita. Sirva a carne com os acompanhamentos escolhidos (veja abaixo).

Esta receita fica ótima com praticamente qualquer coisa que você escolha para acompanhar – pão, uma pilha de torradas, pão pita, espaguete ou arroz cozido na hora e uma salada linda e enorme, é claro.

PIMENTA DEMAIS?

Tenho certeza de que muitas pessoas já compraram um pacote de pimenta, mas só usaram uma ou duas para uma receita, e a maior parte acabou sobrando. Não deixe que elas murchem – vou mostrar como você pode aproveitá-las, desperdiçando menos e criando algumas armas poderosas de sabor para fazer uma culinária excitante.

CONGELAR

Coloque pimentas que sobram em uma caixa ou saco plástico na prateleira superior do freezer. Elas ficam fantásticas ao serem raladas bem fino diretamente do freezer, criando uma pimenta em pó linda e saborosa, que é ótima para cozinhar, marinar ou polvilhar sobre massas, saladas, entradas, carnes ou peixes. Hum!

PICLES

Fatie as sobras de pimenta e faça uma conserva com elas. Eu particularmente amo aproveitar sobras do líquido de pepino em conserva para fazer isso. Em vez de jogar o líquido do vidro fora, eu adiciono um pouco de vinagre, misturo 2 colheres (chá) de sal e coloco ali dentro uma porção de pimentas. Isso as conserva, de modo que você possa usá-las em todos os tipos de pratos durante 2 meses.

PLANTAR

Separe as sementes das pimentas secas em um envelope durante o inverno e experimente cultivá-las. Semeie as sementes dentro de casa nos meses de agosto ou setembro para que germinem, depois deixe que cresçam em um lugar quente e iluminado, como a jardineira de uma janela, colocando-as em vasos apropriados. Alimente-as a cada 10 dias – o meu jardineiro Pete usa um fertilizante líquido natural de algas – e regue-as regularmente com uma névoa de água.

ÓLEO

Há dois tipos de óleo que você pode preparar usando pimentas frescas ou secas. Com as pimentas frescas, depois que você tiver cerca de 10 pimentas guardadas no freezer (ou plantadas!), coloque-as em uma panela de tamanho apropriado e cubra com 2 cm de azeite barato. Coloque sobre fogo baixo, cozinhe lentamente por 1 hora e deixe esfriar. Em seguida, eu gosto de remover e descartar os talos e as sementes, raspar as pimentas dentro de um pote limpo de geleia, despejar o óleo temperado por cima e encher até o topo com azeite comum. Isso dará um óleo quente, de sabor adocicado. O óleo de pimentas secas não poderia ser mais simples. Esmigalhe uma mistura de pimentas secas – em flocos ou em pó –, aqueça em uma panela por 1 minuto, cubra com azeite barato, coloque em uma garrafa e, sempre que lembrar, dê uma sacudida nela para garantir a máxima infusão de sabores. Isso dará um óleo aromático, mais simples, que pode ser aproveitado de diferentes formas.

SECAR

Seque pimentas inteiras em um local quente, perto de um aquecedor, dentro de um armário arejado – ou melhor ainda, se estiver um dia lindo, seque-as com a luz solar natural em uma assadeira escura para maximizar o calor. Depois que estiverem secas, coloque as pimentas inteiras dentro de um pote, esmigalhe-as ou rale-as em flocos, como preferir, e use em qualquer um dos pratos listados no tópico Congelar (acima).

Chilli Oil

Whole
Dried

CASSOULET DE LINGUIÇA

Seguindo o espírito de fazer pratos supersaborosos e econômicos, dei uma incrementada em um cassoulet simples de linguiça ao adicionar barriga de porco. É fácil de preparar, e fica com sabor cada vez mais intenso conforme vai cozinhando. Acompanhamento perfeito é o pão tostado, esfregado com alho e com tomate. Aproveite!

Serve 4

Tempo total: 1 hora e 20 minutos

744 calorias

150 g de carne de barriga de porco, sem couro e sem osso

4 linguiças de qualidade

azeite de oliva

2 cenouras

1 cebola roxa

1 colher (chá) de páprica doce defumada

700 ml de *passata* de tomate

1 lata (400 g) de feijão-branco

½ maço de alecrim (15 g)

1 pão ciabatta

1 dente de alho

2 tomates-cereja maduros ou 1 tomate maduro

azeite de oliva extravirgem

Esta é uma receita básica, que você pode enriquecer com sobras de outras carnes fantásticas, como coelho, pato ou faisão.

Preaqueça o forno a 180°C. Cuidadosamente, corte a barriga de porco em 12 pedaços com gordura e coloque-os em uma caçarola refratária grande, junte as linguiças e um fio de azeite e leve ao fogo médio. Não pare de mexer as carnes enquanto descasca as cenouras e corta em fatias na diagonal, descasca a cebola e a corta em cunhas. Quando a carne de porco e as linguiças estiverem ligeiramente douradas, retire as linguiças e corte cada uma diagonalmente em três pedaços, depois recoloque na caçarola. Adicione a cenoura, a cebola e a páprica e cozinhe por mais 15 minutos, mexendo regularmente.

Acrescente a *passata* à caçarola. Coloque água até a metade do vidro vazio de *passata*, dê uma sacudida e despeje na caçarola. Escorra o feijão-branco e adicione à caçarola com uma pitada de sal e pimenta; misture bem. Cubra com papel-alumínio e acomode no forno por 20 minutos. Enquanto isso, destaque as folhas de alecrim, pique grosseiramente e misture com um fio de azeite. Quando completar o tempo de forno, remova o papel-alumínio e descarte-o, acrescente o alecrim e leve a caçarola novamente ao forno por mais 30 minutos ou até que esteja espesso e delicioso.

Enquanto isso, corte o pão ciabatta ao meio e coloque-o no forno quando faltar cerca de 20 minutos para o cassoulet ficar pronto. Corte o dente de alho ao meio e esfregue-o por todo o pão duas vezes enquanto ele estiver tostando. Retire a caçarola e o ciabatta do forno, corte os tomates-cereja ao meio e esfregue-os por todo o pão, regue o ciabatta com azeite extravirgem e polvilhe uma pequena pitada de sal e pimenta. Sirva imediatamente, com um pedaço do pão no prato ao lado do cassoulet para absorver todo aquele molho adorável.

JOELHO DE PORCO DEFUMADO
MOLHO DE SALSA

Joelhos de porco são cheios de sabor e o defumado acrescenta uma intensidade extra. Eles podem ser comprados por um preço bem baixo e irão alimentar três pessoas, portanto, valem muito. Este é um lindo prato para o jantar, especialmente para os dias mais frios. Sirva com legumes cozidos no vapor como acompanhamento.

Serve 6 a 8

693 calorias

Tempo total: 3 horas
(mais o tempo de demolha)

2 joelhos de porco defumados (800 g cada), com o couro

3 cebolas grandes

8 cenouras grandes

1,2 kg de batata

4 folhas de louro

4 ramos de tomilho fresco

2 maços de salsa (60 g)

20 g de manteiga sem sal

20 g de farinha de trigo

500 ml de leite semidesnatado

2 colheres (chá) de mostarda inglesa

1 colher (sopa) de vinagre de vinho branco

Coloque os joelhos de porco em uma caçarola funda e larga, cubra com água fria e deixe-os de molho na geladeira de um dia para o outro.

No dia seguinte, preaqueça o forno a 170°C. Escorra os joelhos de porco e recoloque-os na caçarola. Descasque e pique grosseiramente as cebolas e as cenouras, descasque as batatas e corte-as ao meio, e adicione tudo à caçarola com 3 folhas de louro e o tomilho. Cubra com água fria, leve ao fogo alto, espere ferver e depois cozinhe em fogo baixo por 20 minutos.

Corte um pedaço de papel-manteiga úmido com o mesmo tamanho da caçarola, acomode-o sobre os joelhos de porco e transfira a caçarola para o forno por 2h30 ou até que a carne esteja tenra. Enquanto isso, destaque e pique grosseiramente as folhas de salsa e pique fino os talos. Derreta a manteiga em uma panela sobre fogo médio, acrescente a farinha e mexa bem para formar uma pasta. Adicione o leite, uma borrifada de cada vez, mexendo sem parar até obter um molho branco. Junte a mostarda, o vinagre, a folha de louro restante, todo o talo de salsa e a maior parte das folhas, misture e tempere a gosto. Deixe borbulhar ligeiramente por 15 minutos ou até que fique com boa consistência. Reserve e reaqueça na hora de servir.

Quando estiverem prontos, transfira os joelhos para uma travessa grande. Acomode os vegetais ao redor, despeje o molho de salsa e espalhe por cima as folhas de salsa restantes. Leve à mesa e ataque, separando os ossos e o couro em um canto conforme for servindo. Divino.

Aproveite sobras do caldo para preparar uma sopa – descasque batatas, corte em cubos e cozinhe no caldo, adicionando ervilha congelada nos últimos 2 minutos. Bata a sopa e acrescente carne de porco em lascas.

CORDEIRO

• RECEITAS DE CORDEIRO •

A carne de cordeiro no Reino Unido é de altíssima qualidade – comercialmente, é raro encontrar carneiros criados em locais fechados. A maioria é criada livremente em espaço aberto, de modo que a qualidade da carne costuma ser excepcional. Em geral, a carne de cordeiro não é barata, mas se você ficar atento, conversar com seu açougueiro e usar cortes mais baratos, como o peito, o pescoço, a paleta e os miúdos, conseguirá preparar ótimas refeições com um sabor incrível. Muitas vezes o cordeiro é preterido em relação à poderosa carne bovina, à saborosa carne de porco e ao popular frango, por isso eu quero provar o quanto ele pode ser fantástico com um grande assado de domingo, uma variedade de pratos brilhantes feitos a partir das sobras e mais um punhado de receitas valiosas.

A BASE DE TUDO
CORDEIRO ASSADO DE DOMINGO

A paleta assada de cordeiro oferece uma carne tenra, doce e deliciosa que se desprende do osso e desmancha na boca. Assim, você consegue tudo o que quer por um bom preço – alimenta seis pessoas e fica com muita sobra de carne. Guarde também os ossos e o molho de hortelã restante para aproveitar em outras receitas.

Serve 6, mais as sobras

Tempo total: 4 horas e 15 minutos

664 calorias

1 cabeça de alho

1 maço de alecrim (30 g)

azeite de oliva

1 paleta de cordeiro (2,5 kg), com osso

3 cebolas

1,5 kg de batata

1 maço de hortelã (30 g)

1 colher (chá) de açúcar demerara

3 colheres (sopa) de vinagre de vinho branco

4 tiras de bacon

1 repolho-crespo grande

1 colher (sopa) de farinha de trigo

500 g de ervilha congelada

Se não for usar todas as sobras de carne de cordeiro em 2 ou 3 dias, divida em porções e congele para usar em futuras refeições. Descongele na geladeira 24 horas antes de utilizar.

Preaqueça o forno a 170°C. Esmague 4 dentes de alho descascados, metade das folhas de alecrim e uma pitada de sal e pimenta até formar uma pasta, em seguida misture com um fio generoso de azeite até ficar homogêneo. Faça dez cortes na paleta, esfregue a marinada em toda a carne e empurre-a para dentro de cada corte. Descasque as cebolas, corte em quatro e acomode-as em uma assadeira de tamanho apropriado, com o cordeiro por cima. Adicione 500 ml de água, cubra com papel-alumínio bem ajustado e asse por 3 horas. Retire o papel-alumínio, despeje toda a gordura da assadeira e acrescente mais 200 ml de água. Asse por mais 1 hora ou até que a carne comece a se desprender do osso, adicionando outra borrifada de água, se estiver secando.

Descasque as batatas, cortando as maiores ao meio, e cozinhe em uma panela grande com água salgada fervente por 12 minutos. Escorra e transfira para uma assadeira. Salpique as folhas de alecrim restantes, regue com azeite, esprema por cima os dentes de alho com a casca e tempere com sal e pimenta. Acomode no forno, debaixo da assadeira do cordeiro, na última 1h30 de cozimento. Quando faltar 20 minutos para terminar, destaque e pique finamente as folhas de hortelã, coloque em uma tigelinha, acrescente o açúcar, o vinagre e 1 colher (sopa) de água fervente e misture. Pique o bacon e frite em uma frigideira grande sobre fogo médio até dourar. Apare o repolho, fatie grosseiramente, acrescente à frigideira com uma borrifada de água, cozinhe por 10 a 15 minutos ou até que fique tenro e tempere a gosto.

Retire o cordeiro do forno, transfira-o para uma travessa e cubra. Coloque a assadeira sobre a chama média do fogão, acrescente a farinha e misture, depois adicione 600 ml de água fervente e o suco do cordeiro que escorrer na travessa. Mexa bem e cozinhe em fogo baixo até ganhar consistência. Despeje o molho em uma molheira ou, se preferir mais liso, passe-o por uma peneira. Rapidamente escalde a ervilha em água fervente por 2 minutos e escorra. Sirva tudo no centro da mesa, com os talheres necessários.

BURRITOS BARBECUE DO BAD BOY

SOBRAS

Adoro preparar esses burritos no fim de semana, porque, assim como quando preparamos pizza, todo mundo pode acrescentar um pouco mais do que gosta. A combinação do wrap com o arroz, o molho barbecue, o queijo e a carne desfiada é fantástica e sempre será. Assá-los em papel-alumínio é um jeito bem seguro e prático de preparar e servir – tudo derrete dentro dele e o burrito permanece quente por meia hora.

Serve 4

Tempo total: 40 minutos

778 calorias

1 caneca (320 g) de arroz basmati ou integral

100 g de espinafre congelado

2 cebolas roxas grandes

2 pimentas vermelhas

300 g de sobras de carne de cordeiro assada

1 colher (sopa) cheia de molho barbecue

azeite de oliva

opcional: sobras de molho de hortelã

4 tortilhas grandes

40 g de queijo cheddar

iogurte natural desnatado, para servir

molho de pimenta, para servir

Preaqueça o forno a 180°C. Cozinhe o arroz de acordo com as instruções da embalagem, depois escorra-o e coloque novamente na panela. Adicione uma pitada de sal e pimenta e o espinafre, misture bem, tampe a panela e reserve.

Enquanto isso, coloque uma frigideira de grelhar sobre fogo alto. Quando estiver quente, descasque as cebolas, corte em quatro e grelhe-a junto com as pimentas inteiras (fure-as com um garfo, senão elas explodirão!). Transfira a cebola e as pimentas para uma tábua e pique finamente, removendo os talos e as sementes das pimentas. Desfie a carne de cordeiro por cima, adicione o molho barbecue e misture tudo.

Misture o arroz e o espinafre com um pouco de azeite e algumas colheres (sopa) do que restou do molho de hortelã da receita de cordeiro assado (se tiver) e tempere a gosto. Estenda cada tortilha sobre quatro folhas de papel-alumínio e divida o arroz entre elas, cobrindo metade da tortilha. Acomode a carne de cordeiro e os vegetais no centro e rale o queijo por cima. Cuidadosamente, enrole cada tortilha, embrulhe com o papel-alumínio, amassando as extremidades para vedar. Arrume em uma assadeira e asse por 20 minutos ou até que estejam bem quentes por dentro. Corte os burritos ao meio e sirva com iogurte e molho de pimenta e uma refrescante salada de acompanhamento.

ORIGINAL
HOT SAUCE
ORIGINAL

CALDO ESCOCÊS FELIZ E SINCERO

SOBRAS

Este é o tipo de comida sobre a qual a Escócia se fundou – é deliciosa, nutritiva, tem sabor intenso por causa dos ossos de cordeiro, a cor e os benefícios dos tubérculos, da ervilha e do repolho. A cevadinha e a batata ajudam a saciar a fome, criando uma refeição caseira saudável, difícil de ser superada.

Serve 6

Tempo total: 1 hora e 30 minutos

297 calorias

sobras de ossos de cordeiro

200 g de sobras de carne de cordeiro assada

1 cubo de caldo de galinha ou de carne

200 g de cevadinha

250 g de nabo-da-suécia

100 g de nabo

2 cenouras

250 g de batata

½ repolho-crespo

100 g de ervilha congelada

azeite de oliva extravirgem

opcional: sobras de molho de hortelã

pão crocante, para servir

Coloque as sobras de ossos de cordeiro da receita do assado de domingo em uma caçarola grande – quebre-os grosseiramente com um rolo de massa –, desfie as sobras de carne de cordeiro e acrescente o cubo de caldo esmigalhado. Cubra com 3,5 litros de água e cozinhe em fogo baixo por 1 hora, escumando os resíduos que se formam na superfície. Enquanto isso, cozinhe a cevadinha em uma panela separada de acordo com as instruções da embalagem, escorra e reserve.

Descasque o nabo-da-suécia e pique-o em cubos de 1 cm, pique da mesma forma o nabo, as cenouras e as batatas (gosto de deixá-las com casca, pois é mais nutritivo). Adicione ao cordeiro os vegetais cortados em cubos e a cevadinha escorrida, e cozinhe em fogo baixo por mais 20 minutos. Descarte a parte central do repolho, corte em cubos e acrescente à panela, junto com a ervilha, nos últimos 10 minutos – o repolho fica lindo e saboroso se mantido bem verde, por isso não o cozinhe demais.

Com uma colher, retire os ossos do caldo e tempere a gosto, se necessário. Regue com um pouco de azeite extravirgem e a sobra de molho de hortelã da receita do assado de domingo (se tiver). Sirva com uma pilha de tigelas e um lindo pão crocante para mergulhar no caldo.

Este caldo pode ser preparado com tudo aquilo que está na estação, por isso sinta-se à vontade para adicionar os seus vegetais favoritos quando estiverem em sua melhor época e com o melhor preço.

SALADA COM CORDEIRO E NOODLES

SOBRAS

Colorida, excitante, saudável, cheia de texturas e sabores intensos, esta salada celebra as lascas crocantes da carne de cordeiro combinadas com suas duas melhores amigas, a hortelã e a pimenta. Essa combinação nunca decepciona e também fica ótima enrolada dentro de uma pequena tortilha – aproveite.

Serve 6

Tempo total: 25 minutos

473 calorias

2 pedaços (5 cm) de gengibre

1-2 pimentas vermelhas

8 colheres (sopa) de azeite de oliva

4 colheres (sopa) de vinagre de vinho tinto

4 colheres (sopa) de molho de soja (shoyu) com baixo teor de sódio

300 g de noodles de arroz médios

2 cenouras

1 pepino

2 pés de alface-romana

1 pé de alface lisa

1 maço de hortelã (30 g)

250 g de sobras de carne de cordeiro assada

1 colher (sopa) de sementes de gergelim

Descasque o gengibre e rale-o finamente com metade da pimenta em uma tigela pequena. Adicione o azeite, o vinagre e o molho de soja para preparar o molho e reserve.

Coloque os noodles em uma vasilha, cubra-os com água fervente e deixe descansar por cerca de 15 minutos ou até que fiquem macios, mexendo-os de vez em quando com um pegador de massa para soltá-los. Descasque as cenouras e corte-as em tiras longas com um descascador de legumes, fatie o pepino (eu amo a minha faca ondulada – você deveria ter uma!) e coloque-os em uma grande travessa de salada. Apare os pés de alface, corte-os em cunhas e arrume sobre a cenoura e o pepino. Destaque e junte as folhas de hortelã. Escorra os noodles e adicione-os à salada.

Fatie ou desfie a carne de cordeiro e coloque em uma frigideira grande sobre fogo alto. Junte as sementes de gergelim, misture e frite por alguns minutos ou até que a carne fique crocante e as sementes, douradas.

Mexa bem o molho, regue toda a salada e misture. Fatie finamente a pimenta restante e espalhe sobre a salada. Coloque por cima a carne de cordeiro com as sementes de gergelim e sirva imediatamente.

Se for a uma feira ou sacolão, você compra por peso uma porção pequena de diferentes vegetais – como ervilha-torta, ervilha fresca e rabanete –, deixando esta salada ainda mais colorida.

SOBRAS

TORTA DE CORDEIRO

Experimente preparar esta torta com massa folhada – ela é realmente incrível. A receita traz a combinação de sabores intensos, como o dos ossos, da carne e dos rins de cordeiro, que são supernutritivos. Pelo modo como são cortados e assados lentamente, ficam deliciosos e dão o mais maravilhoso sabor a esta torta. Aproveite.

Serve 8

360 calorias

Tempo total: 2 horas e 30 minutos (mais o tempo de esfriar)

2 cebolas roxas

2 cenouras

1 aipo-rábano pequeno

250 g de rins de cordeiro

opcional: 1 colher (sopa) de sobras de gordura de cordeiro

azeite de oliva

1 maço de tomilho fresco (30 g)

opcional: 1 folha de louro

1 colher (sopa) cheia de farinha de trigo

2 colheres (chá) de mostarda inglesa

2 colheres (chá) de molho inglês

opcional: sobras de ossos e de molho da carne de cordeiro

250 g de sobras de carne de cordeiro assada

1 lata (400 g) de lentilha

300 g de massa folhada

1 ovo grande

Descasque as cebolas, as cenouras e o aipo-rábano e apare os rins, depois pique tudo em cubos de 1 cm e coloque em uma caçarola grande sobre fogo médio-baixo, adicionando a gordura de cordeiro (se tiver) ou um fio de azeite e uma pitada de sal e pimenta. Acrescente à caçarola as folhas de tomilho e o louro (se quiser) e cozinhe por 30 minutos, mexendo regularmente, em fogo bem baixo, de modo a desenvolver um sabor mais intenso.

Acrescente a farinha e a mostarda, misture bem e depois adicione o molho inglês, 1,5 litro de água fervente e sobras de molho e de ossos de cordeiro da receita do assado de domingo (se tiver). Tampe e cozinhe em fogo baixo por 1 hora ou até que fique reduzido e consistente, mexendo de vez em quando. Remova os ossos, tempere a gosto, retire do fogo e deixe esfriar.

Quando o recheio estiver frio, preaqueça o forno a 180°C. Desfie a carne, escorra a lentilha e acrescente-as à caçarola, misturando bem. Transfira tudo para uma travessa de torta. Sobre uma superfície polvilhada com farinha, abra a massa folhada de modo que fique ligeiramente maior do que a travessa e com a espessura de uma moeda, e faça cortes leves em formato de grade. Bata o ovo e pincele toda a borda da travessa. Enrole a massa ao redor de um rolo de massa e desenrole-a sobre a travessa. Pressione a massa nas bordas da travessa para grudá-la e pincele-a com o ovo restante misturado com um pouco de água. Asse por 30 a 40 minutos na prateleira mais baixa do forno ou até que o recheio esteja bem quente e a massa, dourada.

Se não tiver sobras de carne de cordeiro assada, prepare a torta com carne de cordeiro de boa qualidade – coloque-a com os rins no começo da receita e verifique se está cozida antes de cobrir a torta.

PASTILLA MARROQUINA DE CORDEIRO

SOBRAS

Em Marrakesh, é possível ver diariamente pessoas preparando e vendendo saborosas *pastillas*, recheadas com carne de pombo, codorna, cabra ou, como neste caso, cordeiro, que também é bastante popular naquele país. Esta é uma versão simplificada, que aproveita sobras de carne de cordeiro, deixando a receita ainda mais econômica.

Serve 4

Tempo total: 1 hora e 10 minutos

540 calorias

100 g de cuscuz marroquino

2 cebolas

4 dentes de alho

azeite de oliva

60 g de uva-passa

1 colher (chá) de cúrcuma

½ colher (chá) de sementes de cominho

250 g de sobras de carne de cordeiro assada

70 g de queijo feta

4 folhas grandes de massa filo

1 colher (sopa) de flocos de amêndoa ou sementes de gergelim

1 colher (chá) de açúcar de confeiteiro

½ colher (chá) de canela em pó

4 colheres (sopa) de iogurte natural desnatado, para servir

1 colher (sopa) de *harissa* ou de óleo de pimenta, para servir

Coloque o cuscuz em uma tigela pequena, cubra-o com água fervente, tampe com um prato e deixe descansar por 10 minutos. Descasque e pique finamente as cebolas e o alho, coloque em uma panela grande sobre fogo médio com um fio de azeite, a uva-passa, a cúrcuma e as sementes de cominho. Frite por cerca de 15 minutos ou até que fiquem tenros, mexendo ocasionalmente. Desfie a carne de cordeiro e adicione à panela, cozinhe por mais 5 minutos e retire do fogo. Dê uma afofada no cuscuz e misture-o com o cordeiro, acrescente o queijo feta esmigalhado e tempere a gosto, caprichando na pimenta.

Preaqueça o forno a 180°C. Trabalhando bem rapidamente, uma vez que a massa filo seca com facilidade, abra as folhas de massa sobre uma superfície de trabalho e pincele-as com azeite. Divida o recheio entre as folhas de massa, colocando-o junto da borda menor de cada folha. Enrole cada folha até a metade, dobre as laterais, depois continue enrolando como se fossem charutos. Acomode as *pastillas* em uma assadeira antiaderente, pincele o topo com um pouco de azeite e salpique os flocos de amêndoa esmigalhados ou as sementes de gergelim. Polvilhe o açúcar de confeiteiro e a canela em pó, passando-os por uma peneira. Asse por cerca de 25 minutos ou até que fiquem douradas e crocantes. Sirva com o iogurte, mesclado com a harissa ou o óleo de pimenta. As *pastillas* ficam deliciosas acompanhadas de salada verde.

Sinta-se à vontade para misturar sobras de qualquer tipo de carne com esses sabores marroquinos – o que você tiver ficará ótimo.

BIRYANI DE CORDEIRO

SOBRAS

O *biryani* é um grande acerto – muito gostoso e saudável. Esta é uma daquelas receitas que conseguem aproveitar bem as sobras de carne – assim como os italianos fariam uma lasanha ou os ingleses preparariam um recheio de torta. O sabor e a umidade da carne de paleta de cordeiro são perfeitos para este prato.

Serve 6

Tempo total: 2 horas e 30 minutos

462 calorias

sobras de ossos de cordeiro

400 g de arroz basmati

2 pedaços (5 cm) de gengibre

6 dentes de alho

2 cebolas roxas

azeite de oliva

opcional: sobras de gordura de cordeiro

450 g de espinafre congelado

1 pimenta vermelha

2 colheres (chá) de curry em pó

2 colheres (sopa) de farinha de trigo

2 colheres (sopa) de chutney de manga

vinagre de vinho tinto

250 g de sobras de carne de cordeiro assada

opcional: sobras de molho da carne de cordeiro

1 punhado de flocos de amêndoa

iogurte natural desnatado, para servir

opcional: alguns ramos de coentro

Coloque as sobras de ossos do cordeiro assado de domingo em uma caçarola grande – quebre-os grosseiramente com um rolo de massa, se conseguir –, cubra com 1,5 litro de água e cozinhe em fogo médio por 1 hora, escumando os resíduos que se formarem na superfície. Passe o caldo por uma peneira, transferindo-o para uma jarra, e reserve para adicionar um sabor intenso ao seu prato.

Cozinhe o arroz de acordo com as instruções da embalagem, depois enxágue-o sob água fria e escorra. Preaqueça o forno a 200°C. Descasque e pique finamente o gengibre, o alho e as cebolas, divida-os entre duas panelas grandes, ambas sobre fogo baixo e com um fio de azeite (se tiver alguma sobra de gordura do cordeiro assado, use uma colherada dela no lugar do azeite para criar um sabor intenso). Frite por 10 minutos, mexendo regularmente, acrescente o espinafre congelado a uma das panelas com uma borrifada de água e cozinhe em fogo baixo por 10 minutos, mexendo algumas vezes, ou até que fique escuro e delicioso. Tempere a gosto e reserve. Enquanto isso, fatie finamente a pimenta e coloque na segunda panela, acrescente o curry, a farinha, o chutney de manga e uma borrifada de vinagre, depois junte a carne de cordeiro desfiada. Mexa bem, adicione qualquer sobra que tiver do molho de carne do cordeiro assado de domingo, acrescente o caldo feito com os ossos e cozinhe em fogo baixo por cerca de 20 minutos ou até que fique consistente. Tempere a gosto e despeje em uma panela, passando por uma peneira, a fim de separar a carne do molho.

Tempere o arroz e espalhe metade em uma assadeira untada (aprox. 25 cm x 30 cm), seguido pelo espinafre e a carne que havia ficado na peneira, finalizando com outra camada de arroz. Distribua os flocos de amêndoa, cubra com papel-alumínio e asse por cerca de 40 minutos, removendo o papel-alumínio na metade do tempo de cozimento. Sirva com o molho quente e o iogurte ao lado, salpicado com as folhas de coentro (se utilizar).

VOCÊ PRECISA DE ERVAS FRESCAS EM SUA VIDA

CULTIVAR

É ótimo encontrar ervas no supermercado, mas elas são caras e nem sempre estão bonitas. A maioria das ervas pode ser cultivada facilmente. Ervas delicadas eu compro quando preciso, porque elas não suportam o clima frio do Reino Unido. Tenho conseguido cultivar com sucesso ervas mais lenhosas e resistentes, como alecrim, tomilho, louro, orégano, sálvia, manjericão – e mesmo hortelã, que, apesar de ter folhas delicadas, aguenta bem. Compre um vaso de ervas e plante-o no chão do jardim. Tudo o que você precisa é de um pouco de terra, um pouco de sol, um pouco de água e um pouco de amor.

GRÁTIS

Se você quiser economizar um pouco de dinheiro, olhe ao redor sempre que sair de casa. Há chances de você ver um pé de alecrim, de tomilho, de sálvia ou de louro que você nunca notou e, honestamente, podá-lo um pouco, cortando-o com respeito, não fará mal algum. Só certifique-se de que você está se mantendo dentro da lei – peça permissão ao dono caso a planta esteja em uma propriedade privada e não arranque nada de uma reserva natural, parque nacional ou lugares semelhantes. E não arranque tudo pela raiz – eu estou falando de apenas alguns ramos, preservando o suficiente para que a planta possa se recompor. E também nunca pegue uma erva que você não sabe o que é com certeza, não se arrisque!

ÓLEO

Você pode processar qualquer erva no liquidificador com um pouco de azeite de oliva, passar por uma peneira e congelar esse óleo temperado em fôrmas de gelo. Coloque as fôrmas dentro de sacos plásticos e cole etiquetas para que você possa utilizar no preparo de molhos, sopas e cozidos, peixe ou carne bovina – a lista é interminável. Você pode até mesmo colocar algumas folhas da erva fresca nos compartimentos da fôrma de gelo, cobri-las com o óleo e congelar.

FRESCAS

Para manter as ervas frescas pelo máximo de tempo possível, amarre-as em maços, apare os talos, embrulhe em toalhas de papel úmidas e guarde na geladeira – isso faz a diferença.

MANTEIGA

Pique as ervas frescas e amasse-as com um pouco de alho, misture com manteiga em temperatura ambiente e enrole em papel-manteiga, dando o formato de um rolo. Coloque no congelador por 30 minutos para firmar, depois desembrulhe e corte em fatias de 1 cm de espessura, mantendo o formato do rolo. Embrulhe de novo e leve de volta ao congelador – assim você terá pequenos discos prontos para utilizar em ovos mexidos, risotos, filés, massas, vegetais, carne, peixe, não importa o que você está cozinhando!

SECAR

Secar as ervas não apenas as conserva, mas também acentua o sabor. Coloque-as em algum lugar quente, como um armário arejado, ou pendure-as separadas, para que desidratem uniformemente. Eu costumo secar manjericão, hortelã, salsa, orégano e ervas mais lenhosas. Seque-as por pelo menos 12 horas para manter o máximo do formato e do sabor. Quando estiverem crocantes, coloque-as em um pote e elas poderão ser esfregadas em peixes ou salpicadas sobre saladas, queijos e pratos de entrada. Além de você economizar, elas terão um visual e um sabor melhores – ganho triplo!

CAFTA DE CORDEIRO

Estas caftas são um prazer – assim que saem da grelha, são passadas em temperos e pistache triturados, servidas sobre uma tortilha macia e acompanhadas de picles e vegetais crocantes. Elas são superfáceis de preparar, satisfazem plenamente e, ao serem feitas em vários tamanhos e formatos, tornaram-se uma das mais famosas comidas de rua por centenas de anos. São ótimas para preparar em churrasqueira.

Serve 4

Tempo total: 35 minutos

472 calorias

¼ de repolho-roxo

2 colheres (sopa) de vinagre de vinho branco

1 colher (sopa) de açúcar

50 g de pistache sem casca

1 colher (chá) de sementes de erva-doce

½ pé de alface-americana

50 g de pão amanhecido

400 g de carne de cordeiro moída

molho de pimenta-doce

4 tortilhas pequenas

8 rabanetes

iogurte natural desnatado, para servir

Você pode usar esta receita para aproveitar outros vegetais crocantes, como cenoura e cebola, e acrescente ervas frescas, como hortelã e salsa, se você tiver em casa.

Fatie o repolho bem finamente, descartando a parte central, e coloque em uma tigela com o vinagre, o açúcar e uma pitada de sal e pimenta. Amasse com as mãos e reserve. Esmigalhe o pistache e as sementes de erva-doce em um almofariz, ou bata no liquidificador até que fiquem finos, despeje sobre uma tábua e reserve, pronto para ser usado. Fatie a alface.

Passe o pão no processador de alimentos com uma pitada de sal e pimenta e coloque os farelos em uma tigela, junto com a carne moída. Amasse misturando bem, divida em 4 partes e molde cada uma no formato de salsicha ao redor de um espeto (se você for grelhar suas caftas em uma frigideira, é melhor usar palitos de madeira embebidos em água e cortados no tamanho apropriado). Deixe a churrasqueira no ponto de assar ou coloque uma frigideira de grelhar sobre fogo alto até que fique bem quente. Coloque as caftas e asse conforme sua preferência – eu gosto de deixá-las bem crestadas por fora. Retire do fogo, pincele as caftas com molho de pimenta-doce e passe na tábua com o tempero triturado até que fiquem bem recobertas.

Aqueça ligeiramente cada tortilha na frigideira de grelhar ou na churrasqueira (passe uma toalha de papel antes, para limpar). Sirva cada tortilha com uma fatia de alface, a cafta, dois rabanetes e uma porção de iogurte. Esprema o excesso de líquido do repolho e coloque um pouco sobre cada tortilha.

Ter espetos achatados facilita bastante, já que os circulares podem girar dentro da carne moída. Senão, eu recomendo usar dois espetos juntos, como na foto. Você também pode aparar alguns ramos de alecrim e usá-los no centro da cafta para dar um sabor extra – e isso também serve para criar um ótimo visual.

O REI DOS HAMBÚRGUERES

Este hambúrguer fantástico você pode agarrar com suas mãos em restaurantes, lanchonetes e barracas de comida de rua por todo o Reino Unido. Peguei a combinação de carne de cordeiro e queijo azul e dei uma incrementada com maçã, espinafre, picles de cebola roxa e pimenta *jalapeño*, e ele ficou... um sonho!

Serve 4

Tempo total: 20 minutos

492 calorias

1 cebola roxa

vinagre de vinho tinto

500 g de carne de cordeiro moída

40 g de queijo azul (roquefort, gorgonzola ou stilton)

4 pães de hambúrguer

1 maçã

ketchup

opcional: 1 punhado grande de espinafre

opcional: pimenta *jalapeño* em conserva

Descasque a cebola, fatie bem finamente, de preferência com um descascador de legumes (use a alça!) ou com a faca, se for habilidoso. Coloque a cebola fatiada em uma tigela com um fio de vinagre e uma boa pitada de sal. Amasse bem para criar um picles rápido. Reserve.

Coloque uma frigideira de grelhar sobre fogo alto para que fique bem quente. Amasse a carne moída por 30 segundos, então divida-a em 4 partes. Molde cada porção no formato de hambúrguer, do mesmo tamanho do pão que você irá usar (eles encolhem um pouco depois de cozidos) e tempere a gosto com sal e pimenta. Grelhe na frigideira quente por 4 minutos, vire o hambúrguer, divida o queijo azul em 4 partes e esmigalhe uma porção sobre cada hambúrguer, grelhe por mais 4 minutos ou até que a carne esteja cozida por dentro e crestada por fora, e cubra levemente com papel-alumínio para o queijo derreter.

Enquanto isso, corte os pães de hambúrguer ao meio e toste-os levemente. Fatie a maçã (eu amo a minha faca ondulada – você devia ter uma!). Quando o pão estiver pronto, espalhe ketchup na parte inferior, adicione 2 fatias de maçã, uma porção de espinafre e algumas pimentas *jalapeño* (se for usá-los). Sobreponha os hambúrgueres com queijo. Esprema o excesso de líquido do picles de cebola e divida-o entre os hambúrgueres, depois cubra com a parte superior do pão (adicione um pouco mais de ketchup, se quiser). Pressione gentilmente o pão para baixo, cante duas vezes o hino nacional – tempo suficiente para que os sucos da carne penetrem no pão –, vá em frente e conquiste o rei dos hambúrgueres. Hurra!

Estes hambúrgueres também podem ser preparados com carne de porco, de boi ou mesmo com uma mistura delas, se você preferir. E se não tiver um queijo azul, ficará delicioso com um pedaço de cheddar.

KEBABS DO CHIPRE

Kebabs caseiros são deliciosos de fazer, e eles gritam para ser assados em uma churrasqueira, embora você possa usar uma frigideira de grelhar e conseguir um bom efeito. Os kebabs são geniais porque neles você pode misturar os cortes mais caros de carne com os mais baratos, e com o pão, que absorve o suco do cozimento. Gaste tempo cortando do mesmo tamanho tudo o que for colocado no espeto e você será recompensado.

Serve 4

Tempo total: 45 minutos
(mais o tempo da marinada)

478 calorias

150 g de fígado de cordeiro
2 dentes de alho
1 colher (chá) de coentro em pó
1 colher (chá) de orégano seco
1 colher (chá) de páprica doce
1 limão-siciliano
azeite de oliva extravirgem
250 g de filé de pescoço de cordeiro
3 fatias grossas de pão amanhecido
opcional: 12-16 folhas de louro
2 cebolinhas verdes
½ pepino
2 tomates maduros
1 pé de alface lisa
½ maço de hortelã (15 g)
vinagre de vinho tinto
1 caixinha de miniagrião
4 pães pita
opcional: iogurte natural desnatado

Deixe o fígado de molho na água por alguns minutos. Para a marinada, descasque o alho e soque-o até formar uma pasta, adicione o coentro, o orégano, a páprica, as raspas de limão-siciliano, o suco de ½ limão e 3 colheres (sopa) de azeite. Corte a carne de cordeiro e o pão em cubos de 2,5 cm e o fígado já escorrido em cubos de 2 cm, misture tudo com a marinada e deixe coberto por pelo menos 1 hora ou, de preferência, de um dia para o outro, na geladeira.

Para assar, acenda a churrasqueira ou coloque a frigideira de grelhar sobre fogo alto até que fique bem quente. Se for preparar no fogão, certifique-se de que os espetos tenham tamanho apropriado para a sua frigideira (se forem de madeira, embeba-os em água para evitar que queimem) e espete a carne, os fígados e o pão nos 4 espetos (eu gosto de colocar 3 ou 4 folhas de louro em cada espeto, entre os pedaços, porque conforme queimam vão adicionando sabor). Asse os kebabs de acordo com sua preferência, virando-os até que estejam dourados por inteiro.

Enquanto isso, apare os talos de cebolinha e pique-os sobre uma tábua larga junto com o pepino, o tomate, a alface e as folhas de hortelã, misturando tudo. Adicione um fio de vinagre, o dobro de azeite extravirgem e uma pitada de sal e pimenta, depois cubra com porções de agrião. Sirva os kebabs e a salada em uma assadeira grande, com o pão pita tostado e o iogurte (se utilizar). Dê uma polvilhada extra de páprica e deixe que cada um recheie seu próprio pão.

Você pode usar espetos descartáveis de madeira, mas eu gosto dos espetos longos de metal – são para sempre.

Peixe

• RECEITAS DE PEIXE •

Estabelecer uma relação com o seu peixeiro, entender como obter o máximo do preparo de peixes frescos e escolher entre um peixe fresco ou um bom peixe congelado é o que quero demonstrar neste capítulo. As receitas são variadas e ilustram como lidar com essas opções. Sustentabilidade é uma questão importante, e nós, humanos, somos responsáveis pela pesca excessiva em algumas áreas, portanto é bom estar atento a isso quando for comprar seu peixe. Hugh Fearnley-Whittingstall está realizando um grande trabalho sobre esse assunto, por isso vale a pena visitar seu site, fishfight.net. Para fazer a sua parte, procure peixes aprovados pelo MSC (N.T.: O MSC, Marine Stewardship Council, reconhece e certifica práticas sustentáveis de pesca no mundo.) ou converse com o seu peixeiro para saber a procedência deles.

A base de tudo - Salmão assado

O salmão costuma aparecer em promoções no mercado, de modo que é possível você encontrar uma peça inteira – isso é apenas o reflexo de uma oferta maior que a procura naquele momento. De qualquer modo, não perca essa oportunidade de cozinhar um peixe inteiro, o que é épico, excitante e fornecerá sobras incríveis que eu mostrarei como aproveitar em outras refeições deliciosas nos dias seguintes.

Serve 6, mais sobras

Tempo total: 45 minutos

495 calorias

1,5 kg de posta de salmão com pele, sem escamas e sem espinhas

azeite de oliva

6 ramos de alecrim

1,2 kg de batata pequena

1 colher (chá) cheia de mostarda Dijon

azeite de oliva extravirgem

vinagre de vinho tinto ou branco

2 pés de alface lisa

6 colheres (sopa) cheias de iogurte natural desnatado

½ maço de endro fresco (15 g) ou 1 colher (chá) cheia de endro seco

40 g de queijo feta

1 limão-siciliano

Confira se o salmão já está sem escamas antes de começar a cozinhar, assim você poderá usar a sua deliciosa pele.

Preaqueça o forno a 200°C. Coloque o salmão em uma assadeira grande, com o lado da pele voltado para cima, e regue com azeite (se tiver um pote aberto de tomate seco, use um pouco desse óleo para dar mais sabor). Acrescente uma pitada de sal e pimenta e esfregue por todo o salmão, então espalhe por cima as folhas de alecrim. Asse na prateleira superior do forno por cerca de 25 minutos ou até que fique cozido por dentro.

Enquanto isso, lave e esfregue as batatas e cozinhe-as em uma panela grande com água fervente salgada por 20 a 25 minutos ou até que fiquem cozidas (o tempo dependerá do tamanho das batatas e de quão frescas elas são). Misture bem em uma tigela a mostarda, 1 colher (sopa) de azeite extravirgem, 1 colher (sopa) de vinagre e uma pitada de sal e pimenta. Apare a base dos pés de alface, destaque as folhas inteiras, lave-as, seque, arrume em uma travessa e regue com o molho.

Escorra as batatas e deixe secar com o vapor do cozimento enquanto você mistura o iogurte com um fio de azeite extravirgem e uma borrifada de vinagre. Pique e acrescente o endro ao iogurte, depois misture com as batatas, tempere a gosto e coloque em uma segunda travessa. Esfarele o queijo feta por cima da batata e da alface.

Transfira o salmão para outra travessa (você pode servi-lo quente ou em temperatura ambiente). Cuidadosamente, retire a pele inteira, em um único pedaço, e coloque-a de novo na assadeira, virada ao contrário, leve de volta ao forno por alguns minutos até que fique dourada e crocante e acomode-a sobre o salmão – quando esfriar, ela ficará crocante e deliciosa. Sirva o salmão com a alface e a batata, com cunhas de limão para espremer por cima.

SOBRAS

Tacos saborosos de salmão

Eu amo tacos macios e quentes que escondem explosões de sabor. Se você brincar com a textura e a temperatura – macio e crocante, quente e frio – terá várias versões para agradar a todos e a garantia de que será um prazer comer seus tacos. Aqui eu dou a receita para preparar o seu próprio taco, em vez de usar os comprados prontos.

Serve 6

Tempo total: 45 minutos

393 calorias

250 g de farinha de trigo, mais um pouco para polvilhar

azeite de oliva

½ cebola roxa

¼ de pepino

2 colheres (sopa) de vinagre de vinho branco

2 abacates maduros

6 colheres (sopa) de iogurte natural desnatado

2 limões taiti

1 maço de hortelã fresca (30 g)

opcional: sobras de pele de salmão

375 g de sobras de salmão cozido

opcional: molho de pimenta

Coloque a farinha em uma tigela grande com uma pitada de sal e faça um buraco no meio. Adicione 2 colheres (sopa) de azeite e 150 ml de água no buraco e use um garfo para levar a farinha das bordas para o centro e ir misturando. Quando formar uma massa, transfira para uma superfície polvilhada com farinha e sove até que fique macia, divida em 12 bolinhas e cubra tudo com um pano de prato limpo umedecido.

Descasque e fatie finamente a cebola, corte o pepino em palitos grossos, coloque ambos em uma tigela com o vinagre e uma boa pitada de sal, dê uma amassada em tudo com as mãos e reserve. Com uma colher, raspe a polpa do abacate para dentro de uma tigela, descartando o caroço e a casca, adicione o iogurte e o suco de 1 limão taiti. Destaque e pique finamente metade das folhas de hortelã (guarde o restante para guarnecer), amasse tudo junto com um garfo ou no liquidificador e reserve.

Abra um dos bolinhos de massa até que fique bem fino, virando durante o processo de abertura e polvilhando com um pouco de farinha, se necessário, até obter um círculo perfeito (aproximadamente 15 cm de diâmetro). Coloque uma frigideira sobre fogo médio e cozinhe o taco por 1 minuto de cada lado (doure bem pouco, de modo que fique macio e flexível). Abra o próximo bolinho enquanto o anterior estiver cozinhando. Empilhe os discos já prontos em papel-alumínio para mantê-los aquecidos. Se tiver alguma sobra de pele de salmão, coloque-a por 2 minutos na frigideira ao final para que fique crocante.

Dê uma espremida no picles preparado, escorra o excesso de líquido salgado e coloque na mesa. Deixe que cada pessoa monte o seu próprio taco com o abacate amassado, um pouco do picles, algumas lascas de salmão, pedacinhos de pele crocante (se tiver), molho de pimenta (se gostar), folhas de hortelã e uma espremida de limão taiti. O céu em cada mordida.

SAUCE

ORIGINAL

SOBRAS

Salmão – 4 modos lindos

Aqui estão os meus 4 modos favoritos de preparar salmão para um maravilhoso brunch, almoço ou jantar.

Salmão e ovos mexidos

393 calorias

Serve 2

Tempo total: 5 a 10 minutos

Quebre 4 ovos grandes em uma tigela e bata-os com uma pitada de sal e pimenta. Aqueça a frigideira sobre fogo médio, adicione uma borrifada de azeite de oliva e 1 bolota pequena de manteiga sem sal, acrescente os ovos batidos e mexa com uma espátula a cada 15 segundos, até obter ovos mexidos macios. Toste 2 fatias de pão, depois regue-as com um pouco de azeite de oliva extravirgem. Coloque os ovos mexidos sobre as torradas, desfie 100 g de sobras de salmão cozido e divida, polvilhe com pimenta e esprema suco de limão-siciliano. Fica ótimo com algumas gotas de molho de pimenta.

Batatas com cobertura de salmão

414 calorias

Serve 4

Tempo total: 1 hora e 5 minutos

Preaqueça o forno a 190°C. Lave 4 batatas grandes para assar e fure-as ao redor com um garfo. Tempere levemente com sal e pimenta e asse por cerca de 1 hora ou até que fiquem crocantes por fora e macias por dentro. Pique finamente ½ maço de cebolinha-francesa (deixando algumas pontas para enfeitar) e coloque em uma tigela, adicione 300 g de queijo cottage, 300 g de sobras de salmão cozido e uma boa espremida de suco de limão-siciliano (acrescente algumas gotas de molho de pimenta, se quiser), misture tudo e tempere a gosto. Faça um corte em formato de cruz no topo das batatas, amasse a base para criar uma abertura, cubra com a mistura de salmão e decore com as pontas de cebolinha reservadas.

Sanduíche simples de salmão

358 calorias

Serve 1

Tempo total: 5 minutos

Coloque 1 colher (sopa) de maionese ou iogurte natural desnatado em uma tigela com 1 colher (chá) rasa de mostarda inglesa ou de raiz-forte ralada em conserva (o que você preferir), uma pitada de sal e pimenta e uma boa espremida de suco de limão-siciliano. Pique 2 ramos de endro fresco ou uma boa pitada de endro seco (se tiver), acrescente à tigela e misture tudo. Passe um pouco de manteiga em 2 fatias de pão fresco ou tostado, coloque por cima 60 g de sobras de salmão cozido desfiado e uma colherada da maionese ou do iogurte, adicione folhas de agrião, feche o sanduíche e ataque.

Tagliatelle suave de salmão

537 calorias

Serve 4

Tempo total: 15 a 20 minutos

Cozinhe 320 g de tagliatelle seco em uma panela grande com água fervente salgada de acordo com as instruções da embalagem. Enquanto isso, despeje 75 ml de creme de leite em uma panela pequena e deixe ferver, então adicione raspas de limão-siciliano e uma pitada de sal e pimenta. Bata 1 ovo grande com 40 g de queijo parmesão ralado e uma boa espremida de suco de limão-siciliano. Escorra o macarrão, reservando 1 xícara (chá) da água do cozimento, coloque a massa de volta na panela grande, junte o creme de leite e mexa bem. Sem parar de mexer, acrescente 300 g de sobras de salmão cozido em lascas e depois, lentamente, a mistura de ovo. Dilua com uma borrifada da água do cozimento, se necessário, e finalize com mais parmesão ralado.

SOBRAS

Torta filo de salmão

Esta torta filo, grande ideia para um almoço ou um jantar leve, tem um visual e um sabor fantásticos – crocante por fora e se desmanchando por dentro. Além do salmão, aqui estamos celebrando o alho-poró e a abobrinha, que, ao serem cozidos lentamente, ficam macios e doces, ajudando a acentuar o sabor do salmão.

Serve 6

Tempo total: 1 hora e 50 minutos

449 calorias

3 alhos-porós

2 abobrinhas grandes

azeite de oliva

2 ramos de tomilho fresco

200 g de sobras de salmão cozido

100 g de queijo feta

1 limão-siciliano

3 ovos grandes

1 pacote (250 g) de massa filo

15 g de queijo parmesão

1 pé de alface-romana

1 pepino

3 colheres (sopa) de azeite de oliva extravirgem

Apare e fatie finamente o alho-poró e a abobrinha e coloque em uma panela grande sobre fogo baixo com um fio de azeite e as folhas de tomilho. Cozinhe por 30 minutos ou até que fiquem macios e ligeiramente dourados, com a panela tampada nos primeiros 15 minutos, mexendo de vez em quando. Tempere a gosto e deixe esfriar por 5 a 10 minutos.

Preaqueça o forno a 180°C. Desfie o salmão e acrescente-o aos vegetais já frios, adicione o queijo feta esmigalhado, as raspas de limão-siciliano, quebre os ovos e mexa bem. Estenda a folha de massa filo cobrindo o fundo de uma travessa refratária untada com azeite, sobreponha as folhas de massa deixando que elas ultrapassem as bordas da travessa – deixe sobras laterais suficientes para cobrir completamente o recheio – e pincelando com azeite conforme você vai montando. Com uma colher, coloque o recheio de salmão, depois dobre as sobras de massa das laterais para formar uma tampa. Pincele a superfície com azeite e rale o queijo parmesão por cima. Asse na prateleira inferior do forno por 45 a 50 minutos ou até que esteja completamente assada, dourada e crocante.

Enquanto isso, fatie a alface e o pepino (eu estou adorando a minha faca ondulada – você deveria ter uma!). Misture o suco do limão-siciliano, o azeite extravirgem e uma pitada de sal e pimenta e regue a salada com esse molho. Transfira a torta filo para uma tábua, corte-a em fatias e sirva.

Para deixar esta torta ainda mais linda, umedeça alguns ramos de tomilho com azeite e distribua sobre a superfície antes de assar.

Salada vietnamita de salmão

SOBRAS

No passado os colonizadores franceses influenciaram enormemente a culinária vietnamita, por isso eu juntei estes dois estilos para aproveitar de maneira brilhante sobras de salmão nesta salada. Com um monte de vegetais crocantes, salmão desfiado e um belo molho, ela é supersimples e as fatias de maçã adicionam um toque mágico.

Serve 4

Tempo total: 30 minutos

458 calorias

200 g de pão amanhecido ou ciabatta

azeite de oliva

opcional: sobras de pele de salmão

200 g de vagem fresca ou congelada

1 pedaço (5 cm) de gengibre

½–1 pimenta vermelha

4 colheres (sopa) de azeite de oliva extravirgem

3 colheres (sopa) de vinagre de vinho branco

1 colher (sopa) de molho de soja (shoyu) com baixo teor de sódio

1 pepino

um punhado de rabanete

2 pés de alface-americana

2 maçãs

300 g de sobras de salmão cozido

Preaqueça o forno a 180°C. Rasgue o pão em nacos grandes e rústicos ou pique-o em cubos de 2 cm, coloque em uma assadeira, regue com azeite e leve ao forno por cerca de 20 minutos ou até que fiquem dourados e crocantes (se tiver alguma sobra de pele de salmão, coloque junto na assadeira para dourar). Enquanto isso, se utilizar vagens frescas, apare e corte-as ao meio. Escalde-as em uma panela grande com água fervente salgada por cerca de 6 minutos (se usar vagens frescas) ou por 2 minutos (se usar vagens congeladas), até ficarem macias. Escorra e deixe esfriar por 1 minuto.

Descasque o gengibre e rale-o finamente, junto com a pimenta, dentro de uma tigela. Acrescente o azeite extravirgem, o vinagre e o molho de soja (shoyu), misture e reserve. Corte o pepino ao meio no sentido do comprimento, elimine as sementes raspando com uma colher e corte em cubos, corte os rabanetes ao meio, corte a alface em pedaços grandes, fatie finamente as maçãs em um cortador de legumes (use a alça!) ou à mão se tiver habilidade com facas, e coloque tudo em uma linda tigela de servir com o pão crocante e a pele de salmão (se for utilizar). Desfie o salmão e acrescente à salada, junto com a vagem. Regue tudo com o molho, misture bem e sirva imediatamente.

Torta de peixe e ervilha

Torta de peixe é um dos meus pratos favoritos e parece que vocês também gostam, por isso criei esta receita supereconômica, que aproveita alguns ingredientes de seu freezer – e, devo dizer, esta é uma das minhas melhores criações. Na teoria, as tortas de peixe sempre foram um jeito de fazer render pequenas porções e, se utilizar filés de peixe congelados do supermercado, é inacreditável o quanto esta receita fica barata.

Serve 8

Tempo total: 1 hora e 30 minutos

398 calorias

1 kg de batata

1 limão-siciliano

40 g de manteiga sem sal

400 g de ervilha congelada

2 cenouras

2 cebolas

azeite de oliva

500 ml de leite semidesnatado

2 filés de salmão (150 g cada) congelados

2 filés de peixe branco (100 g cada) congelados

65 g de farinha de trigo

100 g de espinafre congelado

125 g de camarão sem casca congelado

1 colher (chá) cheia de mostarda inglesa

40 g de queijo cheddar

Preaqueça o forno a 180°C. Descasque as batatas e corte-as em pedaços grandes, coloque-os em uma panela grande com água fervente salgada por 15 minutos ou até que estejam cozidos. Escorra a batata e amasse, adicionando uma pitada de sal e pimenta, as raspas do limão-siciliano e a manteiga. Coloque a ervilha congelada em um escorredor, despeje água fervente por cima para descongelá-la, escorra bem e bata algumas vezes no processador de alimentos. Misture a ervilha com a batata amassada para criar um efeito rajado e reserve.

Descasque e pique as cenouras e as cebolas e cozinhe-as em uma panela refratária grande (aproximadamente 30 cm de diâmetro) com um fio de azeite por 15 minutos, ou até que fiquem macias, mas não douradas, mexendo ocasionalmente. Enquanto isso, aqueça o leite em uma panela sobre fogo médio. Quando ferver, reduza o fogo, acrescente todos os filés de peixe e deixe por cerca de 10 minutos ou até que estejam cozidos, em seguida use uma escumadeira para transferi-los para um prato, retirando a panela do fogo.

Misture a farinha com a cenoura e a cebola, então adicione o leite gradualmente, uma concha de cada vez, mexendo sem parar. Acrescente o espinafre, mexa até que ele se desmanche e tempere a gosto. Desfie os filés de peixe (remova e descarte a pele cuidadosamente, se houver alguma) e junte, na panela refratária, as lascas de peixe, o camarão, a mostarda e o suco de ½ limão-siciliano, rale o queijo cheddar e mexa levemente para combinar tudo. Cubra com o purê de batata e ervilha e alise a superfície, passando um garfo para criar uma textura. Asse por 30 a 40 minutos ou até que fique lindamente dourada. Sirva acompanhada de feijão assado (se quiser!) – delicioso!

Peixe com curry tikka de vegetais

Debruçar-se sobre um delicioso peixe, acompanhado de um perfumado curry de vegetais e arroz branco, é algo bem comum na casa dos Oliver – todos nós amamos (exceto Buddy, que ainda está em treinamento). Esta é uma versão que segue o espírito de baixar custos, uma oportunidade maravilhosa de aproveitar peixe e couve-flor congelados.

Serve 4

Tempo total: 1 hora e 10 minutos

523 calorias

1 limão-siciliano

3 colheres (sopa) de pasta de curry *tikka*

400 g de filés de peixe branco congelados

1 cebola

2 dentes de alho

1 pedaço (5 cm) de gengibre

1 pimenta vermelha

½ maço de coentro (15 g)

azeite de oliva

300 g de batata

2 tomates maduros

300 g de couve-flor congelada

50 g de lentilha vermelha

1 caneca (320 g) de arroz basmati

10 cravos-da-índia

4 colheres (sopa) de iogurte natural desnatado

Corte o limão ao meio; corte metade em cunhas para servir e esprema o suco da outra metade em um prato grande. Adicione 1 colher (sopa) de pasta de curry *tikka* e mexa, esfregue essa mistura em todo o peixe congelado e reserve-o em uma única camada para marinar e descongelar.

Descasque e fatie a cebola, o alho e o gengibre, pique a pimenta e os talos de coentro e coloque tudo em uma panela grande sobre fogo médio com um fio de azeite e o restante da pasta *tikka*. Descasque as batatas, corte-as em cubos de 2 cm, coloque na panela e cozinhe tudo por 15 minutos, ou até que a batata fique macia, mexendo ocasionalmente. Isso irá revelar um sabor incrível.

Corte os tomates em quatro, adicione os pedaços à panela com a couve-flor, a lentilha e 600 ml de água fervente e espere ferver de novo. Cozinhe em fogo baixo por 45 minutos ou até que a lentilha esteja completamente cozida e o molho fique adorável e espesso (adicione borrifadas de água, se necessário) e tempere a gosto.

Cerca de 15 minutos antes de o curry ficar pronto, coloque 1 caneca de arroz e 2 canecas de água fervente em uma panela com uma pitada de sal e os cravos-da-índia. Cozinhe em fogo médio, tampado, por 12 minutos ou até que todo o líquido tenha sido absorvido. Grelhe os peixes sem óleo em uma chapa ou frigideira grande antiaderente por 3 a 5 minutos de cada lado (dependendo da espessura dos filés) ou até que fiquem crestados e cozidos por dentro – não fique tentado a mexer, apenas deixe que dourem e fiquem lindamente crocantes. Misture metade do iogurte com o curry, transfira para uma travessa e distribua por cima o restante do iogurte às colheradas e as folhas de coentro. Afofe o arroz, desmanche o peixe em lascas e sirva ao lado do curry, com cunhas de limão-siciliano para espremer.

Bolinhas do mar com molho agridoce

Este é um antigo clássico anglo-chinês – as bolinhas têm uma linda textura e o sabor agridoce explode em sua boca. Como é comum na culinária chinesa, a lista de ingredientes é longa, mas não deixe que isso desanime você – este é um prato bem nutritivo que certamente você irá adorar.

Serve 6

Tempo total: 50 minutos

457 calorias

125 g de pão amanhecido

1 colher (sopa) cheia do tempero cinco--especiarias

400 g de anéis de lula frescos ou congelados

250 g de camarão descascado congelado

1 pedaço (5 cm) de gengibre

1 maço de coentro (30 g)

1 ovo grande

5 colheres (sopa) de amido de milho

1 pimentão vermelho e 1 amarelo

2 cenouras

4 cebolinhas verdes

azeite de oliva

1 colher (sopa) de purê de tomate

2 colheres (sopa) de molho de soja (shoyu) com baixo teor de sódio

1 colher (sopa) de molho de pimenta

2 colheres (sopa) de vinagre de vinho branco

227 g de abacaxi em calda

75 g de ervilha congelada

1 caneca (320 g) de arroz basmati

Passe o pão e o tempero cinco-especiarias no processador de alimentos para fazer uma farinha de rosca, transfira para uma assadeira e reserve. Coloque a lula e o camarão no processador de alimentos, adicione o gengibre descascado, os talos de coentro rasgados, o ovo, 3 colheres (sopa) de amido de milho e uma pitada pequena de sal e pimenta. Processe até ficar homogêneo (segure bem o aparelho se os frutos do mar estiverem congelados) e leve à geladeira.

Enquanto isso, retire as sementes e pique grosseiramente os pimentões, descasque e fatie finamente as cenouras, apare e fatie a parte branca das cebolinhas (fatie também a parte verde para usar mais tarde). Coloque esses vegetais em uma panela grande com um fio de azeite sobre fogo médio-baixo. Cozinhe por 10 minutos, mexendo regularmente, em seguida acrescente o amido de milho restante, o purê de tomate, o molho de soja, o molho de pimenta, o vinagre, o abacaxi (com a calda) e 400 ml de água fria. Mexa e deixe ferver em fogo baixo por 15 minutos ou até que engrosse, adicionando a ervilha nos últimos minutos. Enquanto isso, coloque 1 caneca de arroz e 2 canecas de água fervente em uma panela sobre fogo médio e cozinhe tampado por 12 minutos ou até que todo o líquido tenha sido absorvido.

Pegue porções equivalentes a 1 colher (chá) cheia da mistura fria de peixe, enrole com a farinha de rosca até que fiquem bem cobertas e molde no formato de bolinhas perfeitas. Coloque uma frigideira antiaderente grande em fogo médio, adicione um fio generoso de azeite e frite as bolinhas por cerca de 5 minutos ou até que fiquem douradas e cozidas por dentro (frite em porções). Coloque os vegetais com molho agridoce em uma travessa, acomode as bolinhas por cima e sirva com o arroz fofo. Espalhe as folhas de coentro e a cebolinha reservada, e aproveite.

PÃO AMANHECIDO É UMA COISA MARAVILHOSA

Não há nada especialmente sexy no pão amanhecido, mas, se você pensar bem, ele aparece como ingrediente de algumas das melhores receitas do mundo. Pode ser fatiado, cortado em cubos, esmigalhado, criar croûtons ou farelos crocantes para polvilhar em saladas, massas, sopas, risotos e cozidos, ou pode ser aproveitado em pudins, bolos de carne e hambúrgueres, deixando-os mais leves e aumentando o rendimento dos ingredientes mais caros.

SABOR

Um pedaço de pão amanhecido parece algo tão sem importância e frequentemente eu ouço as pessoas comentarem sobre as coisas deliciosas que crio com ele, como croûtons e farelos. Ele fornece uma textura e um contraste incríveis a qualquer prato e, assim, surpreendem seu paladar e seu cérebro, o que faz com que você sinta ainda mais o sabor da comida. Eu gosto de ter o meu pão amanhecido em várias formas no meu arsenal da cozinha.

MIGALHAS DE PÃO

Gosto de fazer algumas migalhas bem finas e outras mais grossas no processador de alimentos. Se o pão está fresco, coloque as migalhas em um saco plástico e congele, e se o pão está amanhecido, deixe as migalhas em uma bandeja para que sequem completamente, depois transfira para um pote bem fechado.

SUPERCROCANTE

Se alguma vez você já se perguntou como um pão italiano tem uma base tão crocante, este é um dos mais antigos segredos da fabricação de pães. Em vez de usar farinha de trigo, use farinha de rosca fina para polvilhar o fundo da assadeira antes de acomodar a massa. Isso impede que a massa grude na assadeira e deixa a base do pão duas vezes mais crocante.

CROÛTONS

Eu preparo croûtons de três tamanhos diferentes. Corte o pão em cubos de 1 cm ou de 3 cm, ou faça croûtons rústicos rasgando o pão em pedaços do tamanho de um polegar. Todos são ótimos para espalhar sobre saladas e sopas. Se o seu forno acabou de ser usado, mas ainda está morno, coloque uma assadeira lá dentro para que o pão seque durante a noite – croûtons, farelo de pão, torradas, o que você quiser. É um excelente modo de aproveitar aquele calor grátis, uma vez que você já pagou por ele! Se você quiser infundir algum sabor intenso aos seus croûtons, misture-os com ervas amassadas, alho, especiarias ou pimenta, antes de tostá-los.

TORRADAS

Corte o pão em fatias finas, acomode-o em uma assadeira e deixe até que fique totalmente seco ou, se quiser que adquira um pouco de cor, coloque-o para secar dentro do forno. Em ambos os modos, armazene as suas torradas em um pote bem fechado. Elas são ótimas com queijos, patês, picles, homus, guacamole, ou aquecidas e colocadas em torno de saladas para funcionar como croûtons.

Bolinhos Cajun de peixe e camarão

Estes bolinhos de peixe são crocantes por fora e macios por dentro, e têm tempero suficiente para manter as suas papilas gustativas trabalhando. Para complementá-los perfeitamente, eu apresento uma salada vigorosa, e o condimento escolhido, estranhamente para mim (o sr. Rústico), é 1 colher (chá) de raiz-forte.

Serve 6

321 calorias

Tempo total: 1 hora e 40 minutos (mais o tempo de descongelar)

200 g de filé de salmão congelado

200 g de camarão descascado, cozido, congelado

500 g de batata

1 pimenta vermelha

2 limões-sicilianos

75 g de pão amanhecido ou ciabatta

1 colher (sopa) cheia de tempero Cajun

azeite de oliva

2 colheres (sopa) de farinha de trigo

1 pé de alface-americana

1 pepino

4 tomates médios maduros

opcional: ½ maço de endro fresco (15 g) ou 1 colher (chá) cheia de endro seco

2 colheres (sopa) de vinagre de vinho tinto

4 colheres (sopa) de azeite de oliva extravirgem

6 colheres (chá) de raiz-forte ralada em conserva

Comece descongelando o salmão e o camarão, de preferência de um dia para o outro, cobertos, na prateleira mais baixa da geladeira.

Descasque as batatas e corte-as em pedaços grandes de igual tamanho, coloque em uma panela com água fervente salgada por 15 minutos ou até que fiquem completamente cozidos. Escorra e deixe secar com o vapor do cozimento, amasse bem em uma vasilha e deixe esfriar. Cuidadosamente remova e descarte a pele do salmão, se tiver, em seguida pique grosseiramente o peixe e o camarão. Retire as sementes da pimenta e pique finamente, acrescentando-a à batata amassada. Junte o peixe, o camarão, uma pitada de sal e pimenta e as raspas de limão-siciliano. Misture bem, divida em 6 partes e molde bolinhos de 1,5 cm de espessura.

Passe o pão com o tempero Cajun e um fio de azeite no processador de alimentos para obter uma farinha de rosca fina e transfira para um prato. Misture a farinha de trigo com 2 colheres (sopa) de água, a fim de formar uma pasta macia, e use-a para pincelar um lado dos bolinhos de peixe. Pressione gentilmente a lateral pincelada contra a farinha de rosca até que o bolinho fique bem recoberto, em seguida faça o mesmo com o outro lado, arrumando os bolinhos empanados em uma assadeira untada com azeite. Cubra com filme plástico e leve à geladeira por 30 minutos para que fiquem firmes. Enquanto isso, preaqueça o forno a 200°C.

Asse os bolinhos por 20 a 30 minutos ou até que fiquem crocantes, dourados e cozidos por dentro. Enquanto isso, pique a alface, o pepino, os tomates e o endro (se utilizar), coloque em uma tigela com uma pitada de sal e pimenta e regue com o vinagre e o azeite extravirgem. Divida a salada entre os pratos, coloque um bolinho por cima e cubra com 1 colher (chá) de raiz-forte (fique à vontade para colocar o tanto que preferir). Sirva com o limão cortado em cunhas.

Massa com camarão e ervilha da Jools

Este é um ótimo prato para almoço ou jantar rápido de última hora. Todos os ingredientes vivem felizes dentro do armário ou da geladeira, esperando para serem colocados juntos, e a combinação de ervilha, camarão e molho de tomate é inquestionavelmente deliciosa. Eu sei que os italianos geralmente não usam queijo com frutos do mar, mas isso não é sempre verdade – às vezes, é usado sutilmente como uma espécie de tempero.

Serve 4

Tempo total: 15 minutos

418 calorias

320 g de massa seca em formato de concha

4 dentes de alho

1 pimenta vermelha

azeite de oliva

200 g de camarão descascado, cozido, congelado

200 g de ervilha congelada

1 colher (sopa) cheia de purê de tomate

30 g de queijo parmesão

Cozinhe a massa em uma panela grande com bastante água fervente salgada de acordo com as instruções da embalagem. Enquanto isso, descasque e fatie finamente o alho, retire as sementes e fatie finamente a pimenta, depois coloque os dois em uma frigideira grande com um fio de azeite sobre fogo médio. Frite até que fiquem ligeiramente dourados, então acrescente o camarão, a ervilha, o purê de tomate e algumas borrifadas da água do cozimento do macarrão, misture e cozinhe em fogo baixo até que a massa esteja pronta.

Quando terminar o cozimento, escorra a massa, reservando 1 xícara (chá) da água do cozimento. Tempere o molho a gosto e misture com a massa. Rale o parmesão por cima e mexa, diluindo com um pouco da água do cozimento, se necessário. Divida entre as tigelas e sirva imediatamente.

Esta receita simples é superversátil – também fica deliciosa com lula e camarão gentilmente cozidos, ou com a carne de ½ caranguejo no lugar do camarão, se você encontrar uma boa promoção.

Mexilhões grelhados ao alho
Sopa de tomate

Este é um prato incomum, mas brilhante. Você tem uma simples sopa de tomate, caseira e deliciosa, e, para acompanhá-la, mexilhões suculentos com alho cobertos por farelo de pão crocante. É uma combinação ótima, de preço acessível, divertida de preparar e de servir, pois as pessoas amam ficar indo de um prato para o outro.

Serve 4

Tempo total: 45 minutos

279 calorias

1 cebola roxa pequena

4 dentes de alho

azeite de oliva

½ colher (chá) de sementes de erva-doce

½ colher (chá) de pimenta seca em flocos

2 latas (400 g cada) de tomate pelado picado

1 kg de mexilhão, lavado e sem barba

100 g de pão amanhecido

40 g de queijo cheddar

½ maço de salsa (15 g)

Preaqueça o grill em temperatura alta. Descasque e pique finamente a cebola e 2 dentes de alho, e coloque-os em uma panela grande com um fio de azeite sobre fogo médio. Junte as sementes de erva-doce e os flocos de pimenta e refogue por 5 minutos ou até que fiquem tenros. Acrescente o tomate picado e 2 latas (do tomate, vazias) de água, tempere com pimenta a gosto, espere ferver e cozinhe em fogo baixo por 20 minutos.

Enquanto isso, coloque os mexilhões e uma borrifada de água em outra panela grande sobre fogo alto (dê uma batida em todos os mexilhões que estiverem abertos e jogue fora os que não fecharem). Tampe e cozinhe, dando uma sacudida na panela após 2 minutos, até que todos os mexilhões estejam abertos (jogue fora todos os que permanecerem fechados) – não fique tentado a cozinhá-los demais, eles devem ficar rechonchudos e suculentos. Segure uma peneira sobre a panela da sopa de tomate e escorra os mexilhões – em porções, se necessário – de modo que todo o líquido dos mexilhões caia na sopa para dar um sabor extra.

Transfira os mexilhões para uma assadeira grande, destaque e descarte as conchas superiores, mantendo apenas as conchas inferiores com a carne. Espalhe-os em uma única camada. Rasgue o pão em pedaços e coloque no processador de alimentos, adicione o queijo, os 2 dentes de alho restantes descascados, a salsa (talos e tudo mais) e um fio de azeite, e processe para obter um farelo grosso. Polvilhe esse farelo uniformemente sobre os mexilhões e coloque sob o grill por 5 a 8 minutos ou até que fiquem crocantes e dourados. Bata a sopa com um mixer manual, tempere a gosto e coloque tudo na mesa.

Carbonara de cavala defumada

Esta receita dá um toque diferente ao tradicional carbonara, pois utiliza peixe defumado no lugar do bacon. Para mim, é a emulsão sutil da água do cozimento com os ovos, o parmesão e muita pimenta, junto com algo defumado – neste caso, uma incrível cavala –, que cria a experiência reconfortante do carbonara.

Serve 4

Tempo total: 25 minutos

543 calorias

320 g de penne seco

1 cebola

1 abobrinha grande

2 ramos de alecrim

130 g de filés de cavala defumada sem espinha

azeite de oliva

2 ovos grandes

100 ml de leite semidesnatado

40 g de queijo parmesão

opcional: 1 limão-siciliano

Cozinhe o penne em uma panela com bastante água fervente salgada de acordo com as instruções da embalagem. Enquanto isso, descasque e fatie finamente a cebola, corte a abobrinha em quatro partes no sentido do comprimento e elimine o centro com as sementes. Corte a abobrinha na diagonal em fatias de 1 cm de espessura – você deve ficar com pedaços do mesmo tamanho e formato que o penne. Destaque e pique as folhas de alecrim e fatie a cavala em tiras de 1 cm de espessura (removendo a pele, se preferir). Coloque a cebola e a abobrinha em uma frigideira grande sobre fogo médio com um fio de azeite e uma pitada de sal e pimenta, mexendo ocasionalmente. Após 5 minutos, acrescente o alecrim e a cavala e cozinhe por mais 5 minutos ou até que fique linda e dourada, mexendo algumas vezes.

Enquanto isso, bata os ovos com o leite, depois acrescente o parmesão ralado. Escorra a massa, reservando 1 xícara (chá) da água do cozimento, e despeje na frigideira da cavala. Retire a frigideira do fogo por alguns segundos e adicione uma boa borrifada da água do cozimento reservada para que esfrie (isto é muito importante, porque se você acrescentar os ovos quando a massa ainda estiver muito quente, o calor simplesmente os transformará em ovos mexidos – e você quer que o molho fique uniforme e sedoso). Rapidamente despeje a mistura de ovos e mexa até que engrosse, fique macio e bem uniforme. Divida entre os pratos e sirva com mais um pouco de queijo parmesão ralado, uma boa pitada de pimenta e uma espremida de suco de limão-siciliano, se quiser.

CONHEÇA O SEU... PEIXEIRO

Esse cara adorável aí à direita, Dan Eastwood, é o meu peixeiro em Essex. Sei que posso ligar para ele qualquer dia e ele irá me aconselhar sobre o que está na estação, o que foi pescado, o que é local, o que é peixe de criação e, o mais importante nos dias de hoje, o que vem de produção sustentável, uma vez que a pesca é uma questão instável e a política muda constantemente. Aqui as nossas dicas de como comprar peixe:

1 Procure conhecer o seu peixeiro e chamá-lo pelo primeiro nome – ele é seu aliado.

2 Diga ao seu peixeiro qual é o seu orçamento e quanto você tem para gastar por pessoa, e ele ajudará você a fazer a sua escolha.

3 Peixe realmente fresco sempre tem pele e olhos brilhantes, guelras vermelhas carnudas e firmes e cheiro de mar – ele não deve ter aquele cheiro forte de peixe.

4 É melhor comer um peixe fresco no dia em que comprá-lo. Portanto, compre um peixe somente quando precisar, assim você nunca terá dúvida se ele continua fresco.

5 Seja mais versátil em sua escolha – não vá sempre atrás de bacalhau ou hadoque. O seu peixeiro pode dar sugestões, e a dica dele com certeza será mais barata!

6 De terça-feira a sábado são os melhores dias para comprar peixe, já que os pescadores descansam no fim de semana, mas se o peixe é de criação você poderá encontrá-lo fresco em qualquer dia da semana.

7 Telefone para o seu peixeiro para saber o que está fresco e disponível. A partir daí, planeje as suas receitas, e não o contrário.

Crystal Waters Traditional Smokehouse, 6 Cooke Road, South Lowestoft Industrial Estate, Lowestoft, Suffolk, NR33 7NA

Meu espaguete com sardinha favorito

O espaguete é uma massa esplendorosamente linda e abrirá largos sorrisos no rosto das pessoas. Além de superbarata, a sardinha é muito saudável, e todos deveriam comê-la com mais frequência – peça ao seu peixeiro para remover as escamas, retirar as espinhas principais e cortá-la em filés.

Serve 4

Tempo total: 50 minutos

538 calorias

2 cebolas

½ maço de salsa (15 g)

azeite de oliva

1 colher (chá) de sementes de erva-doce

½–1 colher (chá) de pimenta seca em flocos

1 lata (400 g) de tomate pelado picado

1 limão-siciliano

4 sardinhas frescas, sem escamas, sem espinhas e cortadas em filés

azeite de oliva extravirgem

320 g de espaguete seco

Descasque as cebolas e pique-as finamente junto com os talos de salsa, coloque em uma frigideira grande com um fio de azeite sobre fogo baixo e adicione as sementes de erva-doce e os flocos de pimenta. Cozinhe por cerca de 20 minutos ou até que fique macio e grudento, mexendo ocasionalmente, para criar uma boa base para o molho.

Acrescente o tomate (eu gosto que o tomate dê um toque bem macio e sedoso, por isso antes bato no liquidificador ou passo por uma peneira) e metade da lata (do tomate, vazia) de água e deixe ferver. Rale por cima as raspas de limão-siciliano e mantenha em fogo baixo por mais 20 minutos, mexendo algumas vezes. Tempere o molho a gosto, em seguida acomode as sardinhas com a pele para cima e regue com azeite extravirgem. Tampe e cozinhe em fogo baixo por apenas 5 minutos – será suficiente para cozinhá-las por completo.

Enquanto isso, cozinhe o espaguete em uma panela grande com água fervente salgada de acordo com as instruções da embalagem. Pique finamente as folhas de salsa. Escorra o espaguete, reservando 1 xícara (chá) da água do cozimento, e despeje no molho de sardinha. Junte as folhas de salsa e uma espremida do suco de limão-siciliano. Misture bem, diluindo com a água do cozimento, se necessário, divida entre os pratos e sirva imediatamente, com uma salada verde crocante para acompanhar.

Como esta é uma receita siciliana, deixe o prato ainda mais especial acrescentando pinólis e farelo de pão sobre a sardinha crua, depois coloque-a sob o grill por 3 a 5 minutos (dependendo do tamanho do peixe), até que fique crocante. Isso adicionará uma textura incrível quando você misturar tudo.

Truta ao forno

Eu amo truta ao forno. É um daqueles pratos bem simples de preparar, mas parece que deu muito trabalho. Batata e abóbora crocantes, cebola doce, uma truta que se desmancha com mostarda e aveia cobrindo sua pele, coloque tudo isso no centro da mesa, deixe que cada pessoa se sirva e vocês serão felizes.

Serve 4

Tempo total: 1 hora e 20 minutos

502 calorias

1 abóbora-menina

800 g de batata

1 cebola grande

azeite de oliva

½ maço de tomilho fresco (15 g)

1 fatia de pão amanhecido (50 g)

1 dente de alho

1 colher (sopa) bem cheia de aveia

4 filés (100 g cada) de truta arco-íris com pele, sem escamas e sem espinhas

1 colher (chá) de mostarda inglesa

alguns ramos de alecrim

Preaqueça o forno a 200°C. Retire as sementes e descasque a abóbora, descasque também as batatas e a cebola. Corte-as em fatias de 0,5 cm de espessura (se quiser economizar tempo e deixar a receita mais saudável, mantenha a casca da batata e da abóbora). Coloque na maior assadeira que couber em seu forno, misture com um pouco de azeite, sal e pimenta, salpique as folhas de tomilho e espalhe uniformemente na assadeira. Asse na prateleira inferior do forno por 50 a 60 minutos ou até que fiquem ligeiramente douradas e um pouco crocantes.

Bata o pão, o alho descascado e um fio de azeite no processador de alimentos para criar uma farinha de rosca grossa temperada, em seguida acrescente a aveia, processe de novo e reserve. Quando os legumes estiverem assados, retire a assadeira do forno e arrume os filés de truta sobre eles, com a pele voltada para cima. Pincele um pouco de mostarda ao longo do centro dos filés e polvilhe levemente com o farelo de pão e aveia. Regue o peixe com um pouco de azeite, destaque as folhas de alecrim, umedeça-as com azeite e espalhe sobre os vegetais. Asse por 12 a 14 minutos ou até dourar o peixe. Essa truta fica deliciosa servida com salada verde ou couve temperada com limão-siciliano.

Esta receita funciona igualmente bem com sardinha ou trilha. Pergunte ao seu peixeiro quando é a temporada desses peixes e quando estará com melhor preço.

Mexilhões com massa e feijão

A combinação de massa e feijão é uma comida típica de camponês italiano. A consistência do prato varia de acordo com a região do país, como sopa no norte e centro da Itália, engrossando à medida que se desce para o sul. Vários formatos de massa podem ser usados, portanto é um ótimo modo de aproveitar sobras. Nesta versão, os mexilhões, que são uma grande fonte de proteínas, dão um sabor incrivelmente intenso e fazem o prato ter um lindo visual.

Serve 6

Tempo total: 1 hora

385 calorias

6 tiras de bacon

azeite de oliva

1 cebola grande

3 dentes de alho

½ maço de salsa (15 g)

3 cenouras

uma pitada de pimenta seca em flocos

1 lata (400 g) de tomate pelado picado

1 lata (400 g) de feijão-branco

1 limão-siciliano

300 g de massa seca de formatos variados

1 kg de mexilhões, lavados e sem barba

azeite de oliva extravirgem

Pique o bacon e coloque-o para dourar em uma panela grande com um fio de azeite sobre fogo médio, mexendo ocasionalmente, enquanto você descasca e pica finamente a cebola e o alho, pica os talos de salsa, descasca e fatia as cenouras. Adicione à panela os vegetais picados e a pimenta em flocos e cozinhe por 15 minutos ou até que os vegetais fiquem tenros, mexendo de vez em quando.

Acrescente à panela o tomate, o feijão-branco (com o líquido da conserva) e 1,2 litro de água fervente. Quando ferver novamente, reduza para fogo baixo e cozinhe por 20 minutos ou até que o molho fique razoavelmente espesso, mexendo ocasionalmente.

Prove o molho, adicione uma espremida de suco de limão-siciliano e tempere a gosto. Acrescente a massa e cozinhe por 7 minutos, depois acomode os mexilhões sobre o molho (dê uma batida em todos os que estiverem abertos e, se não fecharem, jogue fora). Tampe e cozinhe por mais 5 minutos ou até que todos os mexilhões estejam abertos (jogue fora os que permanecerem fechados) e a massa fique cozida. Mexa bem, misturando tudo, pique as folhas de salsa e salpique por cima. Finalize com um fio de azeite extravirgem e sirva imediatamente. Fica ótimo com salada verde crocante.

Piadina de atum

As pessoas amam piadina, especialmente no norte da Itália – ela é basicamente um sanduíche feito com um pão achatado tostado. Nesta receita, a Itália encontra a refeição clássica da época de faculdade e, honestamente, ela vai deixar você com água na boca. Uma salada simples ficará perfeita como acompanhamento.

Serve 2 a 4

Tempo total: 40 minutos

711 calorias

250 g de farinha com fermento, mais um pouco para polvilhar

azeite de oliva

1 cebola roxa pequena

1 maçã

vinagre de vinho branco

1 lata (200 g) de atum em água

30 g de queijo cheddar

2 colheres (sopa) de cream cheese light

mostarda inglesa

opcional: molho de pimenta

Coloque a farinha em uma tigela com uma pitada de sal e 125 ml de água, misture com um garfo até que comece a dar liga, depois continue amassando com as mãos até formar uma massa. Sove por alguns minutos, adicionando um pouco mais de farinha, se estiver úmido demais, ou uma borrifada extra de água, se estiver muito seco. Divida a massa em 2 bolas e achate cada uma até que fique com cerca de 18 cm de diâmetro. Coloque um fio generoso de azeite em uma frigideira média antiaderente sobre fogo médio, acrescente uma piadina e pincele com um pouco de azeite. Cozinhe por 2 a 3 minutos de cada lado ou até que fique ligeiramente dourada e estufada.

Enquanto isso, descasque e pique a cebola e a maçã, coloque-as em uma tigela grande com uma borrifada de vinagre (isso irá eliminar o gosto forte da cebola crua). Escorra o atum e coloque-o na tigela, adicione o queijo cheddar ralado e o cream cheese. Dê um toque picante com a mostarda inglesa, uma pitada de pimenta e um pouco de molho de pimenta (se quiser), em seguida misture bem.

Escorregue gentilmente o pão para fora da frigideira e, cuidadosamente, passe a faca ao longo da borda, girando e cortando gradualmente em direção ao centro, até obter dois círculos. Retire a parte de cima do pão, espalhe o recheio sobre a parte inferior, sobreponha a outra metade e pressione ligeiramente. Coloque a piadina de volta na frigideira e cozinhe por 3 a 4 minutos de cada lado ou até que fique lindamente dourada por fora e com o recheio derretido. Eu prefiro cortar a piadina em fatias, enquanto ela ainda está quente – e você pode preparar a próxima enquanto come a primeira.

Cozido português

Meu amigo Tim Hogg, um cara superligado em culinária e vinhos, construiu sua vida em Portugal, país pelo qual é apaixonado. Foi ele quem me deu a dica deste fantástico cozido de peixe assado, que é realmente interessante já que não se adiciona líquido ao preparo – tudo cozinha em seu próprio caldo, a fim de manter os sabores intensos. Tomei a liberdade de finalizar a receita sob o grill para deixar a batata mais crocante.

Serve 4 a 6

312 calorias

Tempo total: 1 hora e 10 minutos

2 cebolas

1 pimentão vermelho

1 pimentão amarelo

2 batatas médias

3 tomates maduros

azeite de oliva

500 g de filés de peixe branco, sem pele e sem espinhas

½ maço de salsa (15 g)

1 pitada de pimenta seca em flocos

5 folhas de louro

1 pedaço de pão crocante, para servir

O peixe congelado funciona bem nesta receita e ajuda a reduzir os custos, mas antes veja com seu peixeiro quais peixes frescos estão disponíveis – talvez você encontre uma promoção. Este cozido também pode ser embelezado com outros tipos de peixe mais caros.

Preaqueça o forno a 190°C. Descasque as cebolas, retire as sementes dos pimentões mantendo-os inteiros, depois, com cuidado, fatie as cebolas e os pimentões em rodelas, o mais fino que conseguir – utilize o cortador de legumes (use a alça!) ou corte com a faca se você é habilidoso. Faça o mesmo com as batatas – eu gosto de manter a casca, apenas dê uma boa esfregada nelas – e com os tomates.

Pegue uma panela refratária larga (30 cm de diâmetro), coloque a cebola e um fio generoso de azeite e refogue em fogo baixo por cerca de 15 minutos ou até que fique tenra e doce, mexendo de vez em quando. Enquanto isso, escalde a batata em uma panela com água fervente salgada por cerca de 3 minutos e escorra bem.

Retire metade da cebola da panela e espalhe a cebola que restar formando uma linda camada. Cubra-a com metade do tomate, dos pimentões e da batata, corte o peixe em tiras de 2 cm e acomode por cima. Pique a salsa finamente (talos e folhas) e espalhe a maior parte sobre o peixe, junto com a pimenta seca em flocos. Regue com azeite e tempere ligeiramente, depois repita as camadas, começando com a cebola restante e finalizando com a batata. Coloque as folhas de louro entre as rodelas de batata, regue com azeite e tempere levemente de novo. Cubra firmemente com papel-alumínio e asse por 30 minutos ou até que a batata esteja cozida. Neste ponto, eu gosto de retirar o papel-alumínio e colocar a panela sob o grill por 5 minutos para dourar a batata. Salpique a salsa restante e sirva com o pão para aproveitar o caldo delicioso.

Patê de arenque defumado

Patê de peixe defumado é um regalo e tanto. Eu usei arenque nesta receita, mas sinta-se à vontade para utilizar truta ou salmão defumado, se preferir. Depois de preparado, este patê se conserva bem na geladeira por dois dias, então é uma ótima opção para jantares em que você quer deixar as coisas prontas com antecedência.

Serve 6

287 calorias

Tempo total: 30 minutos

400 g de arenque defumado embalado a vácuo

6 fatias de ciabatta

400 g de vegetais crocantes diversos, como bulbo de erva-doce, cenoura, beterraba crua, pepino, alface-americana

2 limões-sicilianos

½ colher (chá) de páprica doce defumada

100 g de cream cheese light

1 noz-moscada, para ralar

azeite de oliva extravirgem

Coloque a panela de água fervente sobre fogo médio e cozinhe o arenque na embalagem por 10 a 15 minutos ou até que esteja cozido por dentro. Enquanto isso, toste ou grelhe as fatias de ciabatta até que fiquem ligeiramente marcadas. Prepare todos os vegetais e corte-os em pedaços tipo *crudités*, o que será um prazer para comer.

Cuidadosamente, retire as embalagens de arenque da água, corte-as para abrir, passe o conteúdo para uma tigela e deixe esfriar ligeiramente. Descarte eventuais espinhas, coloque o peixe no processador de alimentos (com o caldo e tudo o mais) e adicione as raspas de 1 limão-siciliano, a páprica, o cream cheese, uma pitada generosa de pimenta e uma boa quantidade de noz-moscada ralada. Processe até chegar à consistência de sua preferência, tempere a gosto com suco de limão, transfira o patê para um lindo prato de servir e regue com azeite extravirgem. Sirva com os palitos de vegetais, as torradas e o limão-siciliano restante cortado em cunhas para espremer por cima.

Se utilizar truta ou salmão defumado, não há necessidade de cozinhar o peixe – vá direto para a etapa do processador de alimentos (descartando a pele dos peixes) e adicione uma borrifada de água para afinar o patê, se achar necessário.

PRATOS SIMPLES E SABOROSOS

OMELETE DE QUEIJO E ERVILHA

391 calorias

Serve 1

Tempo total: 15 minutos

Descasque ½ cebola, pique e frite em uma frigideira antiaderente sobre fogo médio com um fio de azeite de oliva por 5 minutos. Adicione 100 g de ervilha congelada e cozinhe por mais 5 minutos, ou até que fiquem tenras, mexendo regularmente. Bata 2 ovos grandes e despeje na frigideira, misture com a cebola e a ervilha e rale 20 g de queijo cheddar por cima. Pouco antes de ficar cozida por cima, dobre a omelete ao meio e escorregue-a para um prato.

ESPAGUETE COM LIMÃO E MANJERICÃO

582 calorias

Serve 1

Tempo total: 15 minutos

Cozinhe 80 g de espaguete seco em uma panela com água salgada fervente de acordo com as instruções da embalagem. Coloque em uma tigela as raspas e o suco de ½ limão-siciliano, 15 g de queijo parmesão ralado, 2 colheres (sopa) de azeite de oliva e as folhas de 2 ramos de manjericão fresco. Com um pegador, retire o espaguete cozido e transfira-o para a tigela, adicionando um pouquinho da água do cozimento, se necessário, para afinar, depois misture bem para derreter o queijo e recobrir a massa com o molho. Sirva imediatamente, com mais queijo parmesão ralado, se quiser.

CERCA DE R$ 5,00 POR PORÇÃO

COGUMELOS NA TORRADA

160 calorias

Serve 1

Tempo total: 10 minutos

Fatie 100 g de cogumelos-de-paris. Destaque algumas folhas de tomilho fresco. Descasque e fatie 1 dente de alho e coloque-o em uma panela quente com 1 colher (chá) de manteiga sem sal. Conforme o alho começar a dourar, adicione o tomilho e os cogumelos. Enquanto refoga, toste 1 fatia grossa de pão. Tempere os cogumelos a gosto, adicione uma borrifada de água e transfira-os diretamente para a torrada. Finalize com algumas gotas de vinagre balsâmico.

QUESADILLA DE ESPINAFRE E CEBOLA

665 calorias

Serve 1

Tempo total: 10 a 15 minutos

Descasque e pique ½ cebola e frite em uma panela sobre fogo baixo com um fio de azeite de oliva por 5 a 10 minutos ou até que esteja macia. Acrescente 100 g de espinafre congelado e mexa até que descongele e o líquido evapore; tempere a gosto. Espalhe a mistura em 1 tortilha média, rale 20 g de queijo cheddar por cima, cubra com outra tortilha e toste em uma frigideira seca, virando o sanduíche até que ele fique dourado nos dois lados. Corte em 6 gomos, sirva com uma colherada de iogurte natural desnatado rajado com um pouco de molho de pimenta-doce.

CERCA DE R$ 5,00 POR PORÇÃO

PAPPA AL POMODORO

224 calorias

Serve 2

Tempo total: 25 minutos

Fatie 2 dentes de alho e coloque em uma panela sobre fogo médio com um fio de azeite de oliva, os talos picados de 4 ramos de manjericão (guarde as folhas) e uma pitada de flocos de pimenta seca. Quando estiver dourando, junte as folhas de manjericão, 2 latas (400 g cada) de tomate pelado picado e 1 lata (do tomate, vazia) de água. Deixe ferver e cozinhe em fogo baixo por 5 minutos. Rasgue 2 fatias de pão amanhecido e acrescente. Cozinhe em fogo baixo por 10 minutos, tempere e sirva, com um fio de azeite e queijo parmesão ralado.

SOPA DE CENOURA, LARANJA E GENGIBRE

337 calorias

Serve 2

Tempo total: 35 a 40 minutos

Descasque 6 cenouras e 1 cebola, pique e coloque em uma panela sobre fogo médio com um fio de azeite de oliva, as raspas e o suco de 1 laranja e um pedaço de 2 cm de gengibre descascado e picado. Cozinhe por 15 minutos, mexendo às vezes, retire do fogo e amasse 2 colheres (sopa) da mistura sobre uma tábua. Adicione 750 ml de água fervente à panela, espere ferver e cozinhe em fogo baixo por 15 a 20 minutos, depois processe com um mixer até ficar lisa e cremosa. Retorne para a panela, tempere a gosto e cozinhe em fogo baixo. Toste 2 lindas fatias de pão e espalhe sobre elas a mistura amassada. Corte-as em tiras e sirva sobre a sopa. Rale 20 g de queijo cheddar por cima e sirva.

SOPA DE BATATA E ALHO-PORÓ

344 calorias

Serve 2

Tempo total: 45 minutos

Lave 2 alhos-porós e descasque 1 cebola, pique e refogue-os em uma panela sobre fogo baixo por 15 minutos com um fio de azeite de oliva e 2 ramos de tomilho fresco, adicionando uma borrifada de água, se necessário, e mexendo às vezes. Junte 1 batata descascada e picada e 750 ml de água fervente, espere ferver e cozinhe em fogo baixo por 25 minutos ou até que a batata esteja macia. Processe com um mixer manual até ficar uniforme. Tempere a gosto e mantenha aquecido, enquanto você cozinha 2 ovos poché em uma panela com água em fogo baixo e tosta 2 fatias de pão. Sirva-os sobre a sopa.

CARBONARA À INGLESA

508 calorias

Serve 2

Tempo total: 15 minutos

Cozinhe 160 g de penne seco em uma panela com água salgada fervente de acordo com as instruções da embalagem. Corte em tiras 4 fatias de bacon e frite em uma panela com um fio de azeite de oliva. Quando estiver ligeiramente dourado, acrescente 1 dente de alho espremido, uma pitada de pimenta e as folhas de 1 ramo de alecrim e retire do fogo. Bata 1 ovo grande com 50 g de queijo cheddar ralado, depois misture com 4 colheres (sopa) da água do cozimento da massa. Escorra a massa e misture imediatamente com o conteúdo da panela do bacon e depois com a mistura de ovo. Se a panela estiver muito quente, você terá ovos mexidos, portanto, certifique-se de fazer isso fora do fogo.

TODOS NÓS AMAMOS UMA TIGELA DE FRUTAS . . .

. . . mas não gostamos quando elas amadurecem muito depressa. Não as jogue fora – congele antes que estraguem. Praticamente todas as frutas podem ser congeladas, em separado ou misturadas, conservadas em caixas plásticas ou em sacos de sanduíche. Elas ficarão lá, esperando que você as transforme em uma das deliciosas ideias abaixo.

PREPARAÇÃO

Descasque as bananas e fatie; retire o caroço de frutas como manga e pêssego e pique; retire o miolo e fatie maçãs e peras; remova os talos de frutas como morango e cereja. Esprema limão sobre as frutas que tenham tendência a escurecer, como maçã e pera. Crie o hábito de congelar frutas que estejam sobrando para usar quando você precisar, assim não haverá desperdício, o que ajudará a gastar menos.

SMOOTHIES

Coloque no liquidificador a combinação de frutas que quiser, mas sempre usando ½ banana por pessoa para dar consistência. Cubra com suco de maçã ou leite, bata até ficar homogêneo e ajuste o sabor com mel, se necessário. Despeje em copos e sirva. Às vezes, acrescento um pouco de sementes macias, nozes, um pedacinho de gengibre descascado ou aveia em flocos; ou iogurte natural desnatado para aumentar a cremosidade.

SORVETE

Para fazer rapidamente um sorvete com baixo teor de gordura, coloque quantidades iguais de frutas congeladas (para mim, nada supera as frutas vermelhas) e iogurte no processador, adicione um fio generoso de mel (ou uma colherada de geleia) para adoçar e bata até obter consistência de sorvete macio. Coloque bolas em tigelas, copos, casquinhas de sorvete ou em um pote, e deixe no freezer por mais algum tempo.

PICOLÉS

Eu faço em casa dois tipos de picolé. O primeiro, um picolé bem comum de suco de frutas que nós fazemos três ou quatro vezes por semana – as crianças adoram e essa deve ser uma das sobremesas mais saudáveis que você pode oferecer. E leva cerca de 10 minutos para as crianças tomarem um picolé desses, o que é um tempo suportável para que seus cérebros consigam resistir ao desejo. Compre um molde de picolés, encha-o com qualquer suco de fruta fresca (não use sucos concentrados), coloque dentro algumas frutas vermelhas frescas e congele. Para fazer o segundo tipo, bata no liquidificador quantidades iguais de fruta congelada e iogurte natural, afinando com um pouco de leite para ajudar a misturar, e adoce a gosto com mel. Despeje em um pote alto, enfie quatro palitos de picolé, congele e, quando estiver pronto, corte cuidadosamente em quatro.

PUDINS

Pudins, tortas e crumbles são sobremesas baratas que funcionam com qualquer combinação de frutas. Você precisará adicionar açúcar à fruta ao cozinhá-la, para equilibrar a acidez e criar uma textura brilhante, mas um bom truque é utilizar, no lugar de açúcar, uma geleia que combine com a fruta escolhida, por exemplo, maçã congelada com geleia de amora. Uma medida que dá bom resultado é cerca de 2 colheres (sopa) cheias de geleia ou de açúcar para cada 600 g de fruta, embora frutas ácidas, como a ameixa, precisem de um pouco mais.

FRUIT
BOWL
PIE

24
Calorias 606kcal
Gordura 25.7g
Saturadas 6.7g
Carboidratos 74.1g
Açúcar 11.1g

26
Calorias 355kcal
Gordura 23.7g
Saturadas 7.8g
Carboidratos 11.6g
Açúcar 8.9g

28
Calorias 547kcal
Gordura 8.8g
Saturadas 1.1g
Carboidratos 94.2g
Açúcar 28.1g

30
Calorias 414kcal
Gordura 22.0g
Saturadas 10.1g
Carboidratos 38.7g
Açúcar 5.5g

32
Calorias 537kcal
Gordura 25.1g
Saturadas 5.2g
Carboidratos 48.3g
Açúcar 7.0g

34
Calorias 430kcal
Gordura 10.7g
Saturadas 3.7g
Carboidratos 61.2g
Açúcar 17.7g

36
Calorias 234kcal
Gordura 5.7g
Saturadas 0.8g
Carboidratos 36.4g
Açúcar 4.3g

38
Calorias 334kcal
Gordura 7.9g
Saturadas 1.1g
Carboidratos 48.7g
Açúcar 13.6g

42
Calorias 365kcal
Gordura 11.6g
Saturadas 4.0g
Carboidratos 41.3g
Açúcar 9.2g

46
Calorias 139kcal
Gordura 4.1g
Saturadas 1.1g
Carboidratos 18.0g
Açúcar 4.0g

46
Calorias 139kcal
Gordura 7.0g
Saturadas 1.0g
Carboidratos 13.5g
Açúcar 2.1g

46
Calorias 376kcal
Gordura 8.1g
Saturadas 3.3g
Carboidratos 59.9g
Açúcar 5.3g

46
Calorias 325kcal
Gordura 10.1g
Saturadas 2.3g
Carboidratos 43.5g
Açúcar 6.7g

48
Calorias 273kcal
Gordura 5.0g
Saturadas 1.2g
Carboidratos 43.0g
Açúcar 13.2g

50
Calorias 490kcal
Gordura 21.0g
Saturadas 3.2g
Carboidratos 50.5g
Açúcar 16.1g

52
Calorias 351kcal
Gordura 17.1g
Saturadas 4.7g
Carboidratos 31.5g
Açúcar 6.6g

54
Calorias 333kcal
Gordura 15.2g
Saturadas 6.4g
Carboidratos 30.8g
Açúcar 6.0g

56
Calorias 423kcal
Gordura 24.2g
Saturadas 8.9g
Carboidratos 26.1g
Açúcar 7.8g

58
Calorias 525kcal
Gordura 10.5g
Saturadas 1.1g
Carboidratos 84.0g
Açúcar 6.8g

60
Calorias 209kcal
Gordura 6.6g
Saturadas 1.0g
Carboidratos 26.2g
Açúcar 9.4g

62
Calorias 267kcal
Gordura 14.5g
Saturadas 6.7g
Carboidratos 16.9g
Açúcar 7.4g

64
Calorias 535kcal
Gordura 7.3g
Saturadas 1.3g
Carboidratos 93.5g
Açúcar 28.8g

66
Calorias 426kcal
Gordura 15.6g
Saturadas 3.3g
Carboidratos 32.2g
Açúcar 10.9g

68
Calorias 449kcal
Gordura 8.1g
Saturadas 2.1g
Carboidratos 65.8g
Açúcar 14.6g

72
Calorias 374kcal
Gordura 4.4g
Saturadas 0.6g
Carboidratos 65.5g
Açúcar 8.9g

72
Calorias
369kcal
Gordura
4.4g
Saturadas
0.6g
Carboidratos
65.5g
Açúcar
13.2g

72
Calorias
367kcal
Gordura
4.3g
Saturadas
0.6g
Carboidratos
65.4g
Açúcar
13.2g

72
Calorias
430kcal
Gordura
6.3g
Saturadas
0.8g
Carboidratos
64.0g
Açúcar
11.0g

74
Calorias
269kcal
Gordura
11g
Saturadas
2.4g
Carboidratos
23.6g
Açúcar
4.4g

78
Calorias
643kcal
Gordura
22.4g
Saturadas
8.2g
Carboidratos
65.2g
Açúcar
15.4g

80
Calorias
470kcal
Gordura
13.3g
Saturadas
3.6g
Carboidratos
47.8g
Açúcar
5.2g

82
Calorias
478kcal
Gordura
20.7g
Saturadas
3.9g
Carboidratos
32.6g
Açúcar
1.6g

84
Calorias
511kcal
Gordura
24.4g
Saturadas
12.7g
Carboidratos
48.4g
Açúcar
6.4g

84
Calorias
424kcal
Gordura
15.9g
Saturadas
7.6g
Carboidratos
43.3g
Açúcar
11.4g

84
Calorias
332kcal
Gordura
9.0g
Saturadas
3.4g
Carboidratos
40.5g
Açúcar
7.0g

84
Calorias
493kcal
Gordura
23.3g
Saturadas
12.4g
Carboidratos
47.6g
Açúcar
6.4g

86
Calorias
475kcal
Gordura
14.3g
Saturadas
6.6g
Carboidratos
70.0g
Açúcar
6.4g

88
Calorias
292kcal
Gordura
11.0g
Saturadas
4.1g
Carboidratos
29.3g
Açúcar
5.9g

90
Calorias
416kcal
Gordura
8.9g
Saturadas
2.0g
Carboidratos
52.2g
Açúcar
6.3g

92
Calorias
498kcal
Gordura
16.3g
Saturadas
5.4g
Carboidratos
55.6g
Açúcar
10.6g

96
Calorias
893kcal
Gordura
26.8g
Saturadas
5.7g
Carboidratos
92.1g
Açúcar
26.1g

98
Calorias
543kcal
Gordura
14.1g
Saturadas
4.3g
Carboidratos
70.6g
Açúcar
8.3g

100
Calorias
340kcal
Gordura
13.9g
Saturadas
3.2g
Carboidratos
18.5g
Açúcar
15.2g

102
Calorias
608kcal
Gordura
14.7g
Saturadas
3.7g
Carboidratos
78.2g
Açúcar
18.0g

104
Calorias
622kcal
Gordura
11.1g
Saturadas
2.4g
Carboidratos
88.5g
Açúcar
12.1g

106
Calorias
634kcal
Gordura
29.8g
Saturadas
7.8g
Carboidratos
45.6g
Açúcar
7.9g

110
Calorias
338kcal
Gordura
23.1g
Saturadas
6.0g
Carboidratos
5.5g
Açúcar
4.6g

112
Calorias
454kcal
Gordura
7.3g
Saturadas
1.9g
Carboidratos
69.2g
Açúcar
8.6g

114
Calorias
310kcal
Gordura
8.3g
Saturadas
1.9g
Carboidratos
33.8g
Açúcar
5.4g

118
Calorias
619kcal
Gordura
28.7g
Saturadas
9.5g
Carboidratos
58.3g
Açúcar
15.9g

120
Calorias
563kcal
Gordura
20.0g
Saturadas
9.8g
Carboidratos
64.9g
Açúcar
4.4g

122
Calorias
485kcal
Gordura
16.3g
Saturadas
5.2g
Carboidratos
53.2g
Açúcar
14.4g

124
Calorias
427kcal
Gordura
22.8g
Saturadas
6.8g
Carboidratos
36.0g
Açúcar
7.4g

126
Calorias
714kcal
Gordura
22.8g
Saturadas
9.3g
Carboidratos
63.7g
Açúcar
10.5g

126
Calorias
596kcal
Gordura
24.1g
Saturadas
8.0g
Carboidratos
50.5g
Açúcar
9.0g

126
Calorias
719kcal
Gordura
23.3g
Saturadas
7.8g
Carboidratos
77.9g
Açúcar
10.0g

126
Calorias
893kcal
Gordura
47.7g
Saturadas
23.2g
Carboidratos
68.5g
Açúcar
9.3g

128
Calorias
507kcal
Gordura
15.5g
Saturadas
5.6g
Carboidratos
66.7g
Açúcar
5.5g

132
Calorias
589kcal
Gordura
20.6g
Saturadas
6.2g
Carboidratos
64.7g
Açúcar
6.0g

134
Calorias
411kcal
Gordura
16.8g
Saturadas
5.8g
Carboidratos
34.3g
Açúcar
3.4g

138
Calorias
327kcal
Gordura
14.0g
Saturadas
4.0g
Carboidratos
15.5g
Açúcar
7.2g

140
Calorias
628kcal
Gordura
41.5g
Saturadas
21.3g
Carboidratos
34.7g
Açúcar
6.9g

142
Calorias
559kcal
Gordura
26.6g
Saturadas
11.7g
Carboidratos
49.9g
Açúcar
10.2g

144
Calorias
465kcal
Gordura
9.7g
Saturadas
2.9g
Carboidratos
69.3g
Açúcar
4.6g

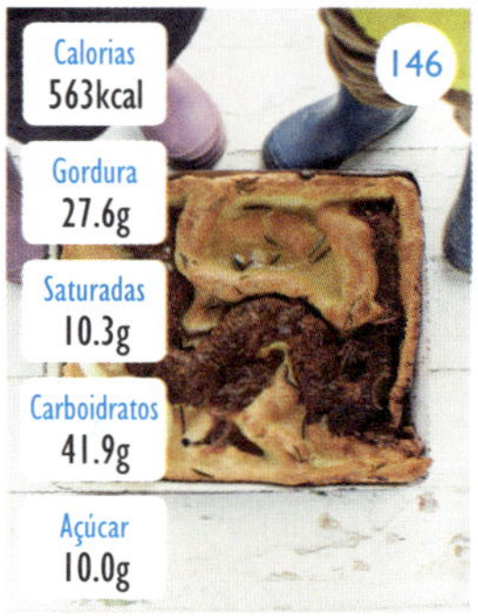
146
Calorias
563kcal
Gordura
27.6g
Saturadas
10.3g
Carboidratos
41.9g
Açúcar
10.0g

150
Calorias
549kcal
Gordura
26.9g
Saturadas
9.2g
Carboidratos
39.6g
Açúcar
6.4g

152
Calorias
284kcal
Gordura
20.7g
Saturadas
6.7g
Carboidratos
5.4g
Açúcar
5.2g

156
Calorias
417kcal
Gordura
20.9g
Saturadas
5.9g
Carboidratos
24.9g
Açúcar
19.6g

160
Calorias
664kcal
Gordura
15.7g
Saturadas
5.8g
Carboidratos
92.8g
Açúcar
5.2g

162
Calorias
473kcal
Gordura
11.6g
Saturadas
2.7g
Carboidratos
54.3g
Açúcar
18.0g

164
Calorias
323kcal
Gordura
5.2g
Saturadas
1.5g
Carboidratos
47.5g
Açúcar
5.1g

166
Calorias
174kcal
Gordura
5.2g
Saturadas
1.2g
Carboidratos
12.8g
Açúcar
10.0g

168
Calorias
395kcal
Gordura
13.1g
Saturadas
4.4g
Carboidratos
39.2g
Açúcar
5.2g

170
Calorias
442kcal
Gordura
17.6g
Saturadas
5.8g
Carboidratos
38.7g
Açúcar
14.3g

172
Calorias
613kcal
Gordura
20.1g
Saturadas
7.9g
Carboidratos
65.5g
Açúcar
5.4g

174
Calorias
782kcal
Gordura
42.0g
Saturadas
14.7g
Carboidratos
35.8g
Açúcar
32.7g

178
Calorias
592kcal
Gordura
17.0g
Saturadas
5.8g
Carboidratos
73.4g
Açúcar
12.6g

180
Calorias
583kcal
Gordura
38.1g
Saturadas
8.7g
Carboidratos
39.0g
Açúcar
14.4g

182
Calorias
670kcal
Gordura
54.1g
Saturadas
18.7g
Carboidratos
19.2g
Açúcar
10.3g

186
Calorias
744kcal
Gordura
40.2g
Saturadas
13.4g
Carboidratos
61.3g
Açúcar
15.7g

188
Calorias
693kcal
Gordura
14.6g
Saturadas
5.2g
Carboidratos
55.4g
Açúcar
17.8g

194
Calorias
664kcal
Gordura
25.4g
Saturadas
9.9g
Carboidratos
62.6g
Açúcar
13.2g

196
Calorias
778kcal
Gordura
18.2g
Saturadas
7.1g
Carboidratos
101.5g
Açúcar
7.3g

198
Calorias
297kcal
Gordura
7.0g
Saturadas
1.9g
Carboidratos
36.9g
Açúcar
7.1g

200
Calorias
473kcal
Gordura
24.3g
Saturadas
4.7g
Carboidratos
43.3g
Açúcar
4.9g

202
Calorias
360kcal
Gordura
16.9g
Saturadas
6.9g
Carboidratos
27.5g
Açúcar
5.3g

204
Calorias
540kcal
Gordura
18.8g
Saturadas
6.7g
Carboidratos
62.2g
Açúcar
18.0g

206
Calorias
462kcal
Gordura
12.3g
Saturadas
2.7g
Carboidratos
61.5g
Açúcar
5.9g

210
Calorias
472kcal
Gordura
19.9g
Saturadas
7.0g
Carboidratos
42.2g
Açúcar
13.8g

212
Calorias
492kcal
Gordura
21.8g
Saturadas
10.3g
Carboidratos
40.4g
Açúcar
10.7g

214
Calorias
478kcal
Gordura
16.3g
Saturadas
5.5g
Carboidratos
49.4g
Açúcar
5.9g

218
Calorias
495kcal
Gordura
22.3g
Saturadas
4.5g
Carboidratos
32.8g
Açúcar
5.5g

220
Calorias
393kcal
Gordura
18.9g
Saturadas
3.3g
Carboidratos
33.6g
Açúcar
3.7g

224
Calorias
393kcal
Gordura
25.9g
Saturadas
8.7g
Carboidratos
18.1g
Açúcar
1.1g

224
Calorias
358kcal
Gordura
13.0g
Saturadas
4.1g
Carboidratos
36.8g
Açúcar
4.2g

224
Calorias
414kcal
Gordura
12.7g
Saturadas
3.2g
Carboidratos
41.8g
Açúcar
3.9g

224
Calorias
537kcal
Gordura
19.4g
Saturadas
6.5g
Carboidratos
54.5g
Açúcar
3.0g

226
Calorias
449kcal
Gordura
24.2g
Saturadas
6.1g
Carboidratos
34.3g
Açúcar
5.2g

228
Calorias
458kcal
Gordura
24.0g
Saturadas
3.7g
Carboidratos
32.7g
Açúcar
12.9g

230
Calorias
398kcal
Gordura
13.8g
Saturadas
3.0g
Carboidratos
37.9g
Açúcar
9.0g

O TRABALHO DA EQUIPE NUTRICIONAL É DEIXAR JAMIE LIVRE PARA SE CONCENTRAR NA CRIAÇÃO DE RECEITAS E GARANTIR QUE A GRANDE MAIORIA DELAS SEJA SAUDÁVEL.

As informações nutricionais baseiam-se em dados teóricos estabelecidos. Os valores dos nutrientes podem variar. O tamanho das porções é baseado nas quantidades propostas, e não inclui ingredientes de quantidades não determinadas, como, por exemplo: "iogurte natural desnatado, para servir". Neste livro, estabelecemos metas nutricionais específicas para classificar uma receita como "saudável". Por exemplo, uma refeição principal saudável deve consistir de menos de 35% do VDR (valor diário de referência) para calorias e gordura saturada, e menos de 25% do VDR para sal (baseado nos valores de referência do Reino Unido). As receitas para acompanhamentos, entradas e sopas possuem as suas próprias metas nutricionais. Sempre que possível, as receitas são equilibradas contendo ingredientes de cada um dos grupos alimentares. Lembre-se de que uma dieta equilibrada saudável e exercícios regulares são a chave para um estilo de vida saudável.

LAURA PARR – NUTRICIONISTA-CHEFE DE JAMIE

DESCUBRA MAIS

Para mais conselhos nutricionais, assim como vídeos, matérias, dicas e truques sobre os mais diversos assuntos, uma tonelada de receitas fantásticas e muito mais, veja em jamieoliver.com e jamiehomecookingskills.com.

Se quiser mais conselhos sobre cozinhar e economizar na cozinha, visite jamiesministryoffood.com.

JAMIEOLIVER.COM

CLARE PARKER
OS "COMEDORES" ECONÔMICOS
VAL McARTHUR
NIKKI CRICHTON
MEALTA ROBINSON
SIMON CLARK
JULIETTE BUTLER
CHRISTINA MACKENZIE
ANNIE LEE
MADDIE RIX
BARNABY PURDY
GEORGINA HAYDEN
DAVID LOFTUS
REBECCA WALKER
LAURA JAMES
KATE BURTON
T
H
A
ANSA KHAN KHATTAK
JAY HUNT
&
NICK HORNBY
DO CHANNEL 4
LOUISE MOORE
BOBBY SEBIRE
PETE BEGG
EMILY KENNEDY
CHARLIE CLAPP
KATIE MILLARD
ABIGAIL FAWCETT
JO LORD
AMELIA CROOK
MIKE MATTHEWS
TODOS OS MEUS MARAVILHOSOS TESTADORES DO ESCRITÓRIO
HELEN MARTIN
BECCA SULOCKI

ZOE COLLINS
LOUISA JAMES
JAMES VERITY
BETHAN O'CONNOR
RACHEL YOUNG
JOHN HAMILTON
GINNY ROLFE
TOM WELDON
ELIZABETH SMITH
NICK POPE
N
K
S
HOLLY ADAMS
ALLY BRIGHT
SARAH TILDESLEY
ROZZIE BATCHELAR
NICK LOWNDES
OS "COMEDORES" ECONÔMICOS
LAURA FLEMING
ANDIE LAIDLAW
SUSAN SPENCE
JO GILDER
PHILLIPPA SPENCE
JO RALLING
CHANTAL NOEL
ISABEL HAYMAN-BROWN
TARA DONOVAN
CATHERINE WOOD
LOUISE HOLLAND
HANNAH BRADBURY
JODENE JORDAN
MATT RUSSELL
SAM BALDWIN

EMILY WOOD
MINHA AMADA FAMÍLIA
SIMON COLLINS
ELLA TAYLOR
EMILIE SPENCER
JOHN STENTON
CLAIRE FAGAN
ROB CARTER
TAMSIN ENGLISH
CLAIRE POSTANS
LUCY BERESFORD-KNOX
SIMON WEEKES
T
H
A
FABIAN PONTON
KELLIE ROWBOTHAM
KEITH WARDLEY
KATH TIBBALS
GIOVANNA MILIA
MALOU HERKES
EMI CHIAPPA
NAOMI FIDLER
JACK O'SHEA
ROSANGELA AMADEI
JOHN LEAVEY & TONY BOOTH
MIKE SARAH
DANIEL NOWLAND
AYSSA & THE ONLINE TEAM
EMMA WHITE
SEAN MOXHAY
JOE SARAH

LIMA O'DONNELL
THERESE MACDERMOTT
GEORGE RIAD
CHARLIE PHILLIPS
GEORGE FIDDES
JULIE AKEROYD
LAURA PARR
LUKE CARDIFF
JULIA BELL
MARK ARN
JOE YULE
N
K
S
JOHN JACKSON
TODA A GALERA QUE TRABALHA DURO NO ESCRITÓRIO
HELEN PRATT
PETER BERRY
ANNA DERKACZ
AMBER SAYER
CRISPIN FORSTER
CAROLINE WILDING
DEBBIE HATFIELD
PAT RUSH
CAROLINE PRETTY
JONNY GARRETT
DAN EASTWOOD
CALUM THOMSON
BEN SHAUGNESSY
TAYLOR RICHARDSON
GUDREN CLAIRE
PATRICIO & THE IT TEAM
STUART ANDERSON

ÍNDICE

Receitas marcadas com V são apropriadas para vegetarianos
Receitas marcadas com S usam sobras

A

B

C

D

E

H

J

K

L

M

Q

R

S

T

V

W

COMPRE BEM

DESPERDICE MENOS

ECON